Diesseits von Belgien

IMPRESSIONEN AUS OSTBELGIEN

Diesseits von Belgien

IMPRESSIONEN AUS OSTBELGIEN

Impressum

© GEV und Deutschsprachige Gemeinschaft Belgiens, 2009

buchverlag@grenzecho.be
www.gev.be

Alle Rechte vorbehalten

ISBN 978-3-86712-032-6
D/2009/3071/3

Herausgeberin: Marion Schmitz-Reiners
Autoren: Freddy Derwahl, Heinz Gensterblum, Carlo Lejeune, Bruni Mahlberg-Gräper, Ulrike Schwieren-Höger, Guido Thomé
Fotos: Willi Filz
Layout: Image Concept (Sven Cloth)

Zeitgleich mit der deutschen Ausgabe erscheint das Buch in französischer und englischer Sprache.

Ohne ausdrückliche Genehmigung des Verlages ist es nicht gestattet, diese Publikation oder Teile daraus auf fotomechanischem (Druck, Fotokopie, Mikrofilm, usw.) oder elektronischem Weg zu vervielfältigen, zu veröffentlichen oder zu speichern.

Printed in Belgium

Inhaltsverzeichnis

VORWORT	6

TOURISMUS

OSTBELGIENS GRÜNES UNIVERSUM	30
Treue Seelen	34
Das Kreuz der Verlobten	47
Im Hohen Venn	74

KULTUR

WENN KREUZRITTER EINEM BLAUEN HIRSCH BEGEGNEN	78
Checkpoint Köpfchen	84
The ikob collection	90
Die Flucht ist der Weg	94
Max Ernst trifft Irene K.	100
Prinz Karneval und der Gänsekönig	108
Das Grenzland von Peter Hodiamont	116

GESCHICHTE

„WERDE, WAS DU BIST"	120
Zeittafel	129
Liebeserklärung an Ostbelgien	138

WIRTSCHAFT

„WIR SPIELEN IN DER ERSTEN LIGA"	142
Gespür für gute Geschäfte	154
Trumpf Mehrsprachigkeit	160
Die Kraft der Kontraste	164

GASTRONOMIE

FEINSCHMECKERGLÜCK IN DER NISCHE	168
Wild, Forellen und reichlich Soße	178
Es muss nicht immer Kaviar sein	184
Laudatio auf den Wildschweinbraten	188

INFORMATIONEN UND NÜTZLICHE ADRESSEN	190
DIE AUTOREN	192

Vorwort

Marion Schmitz-Reiners

H ätten Sie's gewusst? Der ZDF-Journalist Luc Walpot, der seit Anfang 2009 die „heute"-Redaktion leitet, ist Belgier. Genauer: deutschsprachiger Ostbelgier. Ebenso wie Serge Brammertz, Chefankläger des Internationalen Strafgerichtshofs für das ehemalige Jugoslawien in Den Haag. Der Lütticher Bischof Aloys Jousten stammt von einem Bauernhof in Eibertingen in der belgischen Eifel. Weit über die Grenzen Belgiens hinaus bekannt sind auch der ostbelgische Schauspieler und Regisseur Bouli Lanners, dessen Roadmovie „Eldorado" 2008 ins Rennen um den Oscar als bester ausländischer Film geschickt wurde, und die Eupenerin Alice Smeets, die Ende des gleichen Jahres unter fast 1500 Einsendungen den internationalen Wettbewerb „UNICEF-Foto des Jahres" gewann. Die Einundzwanzigjährige war die jüngste Preisträgerin aller Zeiten.

Namen mit einem guten Klang. Doch mit deren Kenntnis erschöpft sich auch schon das Wissen der meisten Europäer und sogar vieler Belgier um die Existenz des kleinsten belgischen Teilstaats, in dem rund 74 000 Menschen leben, deren Muttersprache Deutsch ist. Aber es lohnt sich in vielerlei Hinsicht, sich einmal mit diesem Landstrich, dessen offizielle politische Bezeichnung „Deutschsprachige Gemeinschaft Belgiens" lautet, und mit seinen Einwohnern zu beschäftigen. Denn die Deutschsprachige Gemeinschaft gilt international als Musterbeispiel für die Autonomie sprachlicher Minderheiten. Auf der Grundlage dieser Autonomie haben die Menschen Ostbelgiens eine sprühende Kulturszene und eine florierende Wirtschaft auf die Beine gestellt. Und eingebettet ist dies alles in eine reizvolle, abwechslungsreiche Landschaft, die bei den zahlreichen Touristen einen bleibenden Eindruck hinterlässt.

Die Deutschsprachige Gemeinschaft Belgiens, kurz DG genannt, ist ungefähr so groß wie der Stadtstaat Berlin. Jedoch ist sie ungleich dünner besiedelt und besteht überdies aus zwei Teilen, einem eher städtisch geprägten Norden rings um die Hauptstadt Eupen und einem stillen, ländlichen Süden, die belgische Eifel mit dem Zentrum St. Vith. Im Norden wohnen rund 44 500 Menschen, darunter, im Aachener Grenzraum, etwas mehr als elftausend deutsche Staatsbürger, im flächenmäßig fast dreimal so großen Süden rund 29 500. Zwischen dem Norden und dem Süden erstreckt sich, wie eine Art Landrücken, das Hohe Venn. Es ist das größte Hochmoor Europas und mit einer Erhebung von 694 Metern das „Dach Belgiens". In der großen Stille unter niedrigem Himmel sind Tiere und Pflanzen zuhause, die im übrigen Europa beinahe ausgestorben sind.

Hier, ganz im Osten des Königreichs, stößt Belgien an Deutschland. Aus der Grenzlage ergab sich eine wechselvolle und oft dramatische Geschichte. 1815 schlug der Wiener Kongress das – zuvor von Napoleon besetzte – Gebiet rings um Eupen, Malmedy und St. Vith Preußen zu; hundert Jahre später, mit dem Versailler Vertrag, wurde es belgisch. 1940 wurde es von Hitlerdeutschland annektiert und 1945 wieder Belgien zugeordnet. Der vierfache Nationalitätenwechsel innerhalb von knapp hundert Jahren hat es den Menschen der Region nicht leicht gemacht, zu einer Identität zu finden: Viele dachten deutsch, wenn sie belgisch waren, und sehnten sich nach Belgien, wenn sie deutsch waren. Noch Jahre nach dem Zweiten Weltkrieg war Deutsch als Sprache der Besatzer und Kollaborateure verfemt. Zur Ruhe kam die Gegend erst ab der Einführung von Deutsch als dritte belgische Amtssprache im Jahr 1963 und der Aufteilung Belgiens in eine Flämische, Französische und Deutschsprachige Gemeinschaft ab Anfang der siebziger Jahre.

Seitdem hat Ostbelgien einen langen Weg zurückgelegt. Die Deutschsprachige Gemeinschaft wurde 1973 als deutsche Kulturgemeinschaft geschaffen und besitzt seit 1984 ein eigenes Parlament und eine eigene Regierung. Ihre Rechte und Befugnisse haben die deutschsprachigen Belgier mit weitaus weniger Schlachtenlärm als Flamen und Wallonen und nur durch Beharrlichkeit und geschickte Diplomatie erworben. Anderen Sprachminderheiten in Europa gilt sie deshalb als Vorbild. Man pflegt freundschaftlichen Umgang und einen bereichernden Austausch mit befreundeten Regionen und anderen Sprachminderheiten in Europa, ist Teil der Euregio Maas-Rhein und bildet mit dem Saarland, Rheinland-Pfalz, Lothringen, Luxemburg und Wallonien die so genannte Großregion. Und im Königreich selbst traut man ostbelgischen Politikern eine Besonnenheit zu, die Vertreter der anderen belgischen Teilstaaten gelegentlich vermissen lassen: Nicht ohne Grund wurde Ministerpräsident Karl-Heinz Lambertz zusammen mit den Staatsministern François-Xavier de Donnéa und Raymond Langendries im Sommer 2008 von König Albert II. damit beauftragt, das Gespräch zwischen den gründlich zerstrittenen belgischen Bundesländern Flandern und Wallonien wieder anzukurbeln. Willkommene Begleiterscheinung war, dass die belgischen und internationalen Medien wochenlang mit viel Sympathie über die Deutschsprachige Gemeinschaft und ihren Regierungschef, den „Königlichen Vermittler", berichteten.

Die Kultur, Basis der Autonomie der deutschsprachigen Belgier und gewachsen auf dem stabilen Fundament zahlloser Musikvereine, Harmonien, Chöre, Amateurtheatergruppen oder folkloristischer Vereinigungen, erlebt seit geraumer Zeit einen auch international beachteten Höhenflug. Das Theater Agora, die Tanzcompagnie Irene K., die Literaturzeitschrift Krautgarten oder das Internationale Kunstzentrum Ostbelgien (IKOB) sind wegen ihres Ideenreichtums und ihrer Experimentierfreude europaweit bekannt geworden. Ideenreichtum zeichnet aber auch die mittelständischen Unternehmen aus, die die ostbelgische Wirtschaft auf eine relativ krisensichere Basis stellen, wobei das Firmenspektrum von der handwerklichen Käserei über das bioenergetische Sägewerk bis zum Unternehmen für Präzisionsmechanik reicht, das Flugzeugbauer in der ganzen Welt beliefert.

Ein wichtiger Wirtschaftsfaktor der Region ist der sanfte Tourismus. Das Hohe Venn, die Hügel und die Flusstäler der belgischen Eifel laden zu Wanderungen und Radtouren ein, auf den Seen können Surfer und Segler sich den Wind um die Nase pusten lassen, auf den Burgen fühlt man sich ins Mittelalter versetzt und während der Narzissenblüte bei Rocherath bekommt man eine Ahnung davon, wie schön die Welt sein kann, wenn man sie, wie hier, in Ruhe lässt. Von all dem berichtet dieses Buch. Wir nehmen Sie mit auf einen Streifzug vom Norden der DG übers Hohe Venn bis in die Eifel. Erzählen Ihnen, weshalb sich für Kulturliebhaber eine Reise nach Ostbelgien lohnt. Unternehmen mit Ihnen einen Ausflug in die Geschichte der Region, ohne die die heutige DG nicht denkbar wäre. Laden Sie ein in verlockende Restaurants. Der Schriftsteller Freddy Derwahl steigt ein Stückchen in die ostbelgische Seele hinab. Und die Fotos von Willi Filz, bekannt durch zahlreiche Einzel- und Gruppenausstellungen und ausgezeichnet mit dem Ostbelgischen Kunstpreis des IKOB, machen die einzelnen Beiträge fachkundiger Autoren noch anschaulicher.

Dieser Text- und Bildband, von dem auch eine französische und englische Fassung vorliegen, erscheint anlässlich des 25. Jubiläums der Einsetzung der ersten Regierung der Deutschsprachigen Gemeinschaft Belgiens und zeichnet das aktuelle Bild einer dynamischen, weltoffenen Region, die in vielerlei Hinsicht Modellcharakter hat. Er ist den Menschen Ostbelgiens gewidmet, die die Chancen, die sich ihnen mit der Föderalisierung des Königreichs boten, mit beiden Händen ergriffen und alles, wovon dieses Buch berichtet, aus eigener Kraft geschaffen haben. Aber er ist auch eine Einladung an alle Leserinnen und Leser außerhalb Ostbelgiens, den Landstrich „diesseits von Belgien" näher kennen zu lernen. Seien Sie herzlich willkommen!

Marion Schmitz-Reiners
Herausgeberin

S. 8/9: Spaziergänger am Schorberg in der Eupener Unterstadt.

Oben: Unscheinbar und selten: Der Siebenstern gehört wie Sonnentau, Moosbeere, Beinbrech, Wollgras oder Lungen-Enzian zur Vegetation des Hohen Venns und ist außerdem das Emblem der unter Naturschutz stehenden Gebiete des Hohen Venns.

S. 11: Stillleben am See von Bütgenbach.

S. 12/13: Naherholungsziel und Rückzugsgebiet für Wasservögel: der Casinoweiher in Kelmis.

Unten: Im Zeltfest beim Jahrmarkt in Burg Reuland: Zünftig geht es zu, wenn Ostbelgier feiern.

Rechts: 1938 wurde die Lourdes-Grotte in Schönberg fertig gestellt. Seitdem zieht alljährlich am 15. August ein langer Pilgerzug bei der Marienwallfahrt zu der Grotte.

S. 16/17: Ostbelgien ist ein beliebter Drehort für Film- und Fernsehproduktionen: "Alarm für Cobra 11" am Bütgenbacher See.

S. 18/19: Gleichermaßen beliebt bei Einheimischen und Gästen: der Planetenweg zwischen St. Vith und Galhausen.

Links: Windpark Oberhardt zwischen Halenfeld, Wereth und Valender in der Gemeinde Amel.

Unten: Hier geben sich Belgien, die Niederlande und Deutschland die Hand: der echte Dreiländerpunkt bei Kelmis.

S. 22/23: Landschaft auf den Höhen bei Burg Reuland.

S. 24/25: In der Nähe von Grüfflingen wird Käse noch mit der Hand gemacht: Leo Freichels und seine Ziegen haben eine große Fan-Gemeinde.

S. 26/27: Einsamer Wintersportler kurz vor Einbruch der Nacht bei Elsenborn.

TOURISMUS TOURISME TOURISM

Ostbelgiens grünes Universum

Bruni Mahlberg-Gräper

M orgenstille ruht über dem Osten Belgiens. Es duftet nach Erde, feuchtem Laub und Gras. Die Sonne zaubert Farbe ins Hohe Venn. Mittendrin, zwischen Eupen und St. Vith, heben zwei Radler ihre Bikes vom Auto. Sie wollen in den Sattel steigen, um sich frischen Wind um die Nase wehen zu lassen – und ein wenig vom Hauch des Abenteuers zu verspüren in einem Landstrich voll wildem Zauber, über den grausige Sagen kursieren und in dem Kreuze an herzergreifende Dramen erinnern.

Das Hohe Venn bildet die Brücke zwischen dem grünen Eupener Land im Norden der Deutschsprachigen Gemeinschaft und den Hügeln und Flusstälern der belgischen Eifel im Süden. Ruhe und Einsamkeit des Hochmoors, das den Wechsel von Tages- und Jahreszeiten noch im natürlichen Rhythmus erspüren lässt, inspirierten schon immer Maler, Fotografen, Schriftsteller. Vom behutsamen Erwachen im Frühjahr und der farbigen Vielfalt des Sommers über die bleiernen Herbstnebel bis zu den in der Sonne funkelnden Eiskristallen des Winters entfaltet das Venn eigentümlich anrührende Stimmungen.

Und wir? Bevor wir uns aufmachen in die unvergleichliche Natur des Hochmoores, suchen wir die sachliche Information. Die beiden freundlichen Damen am Info-Schalter im Centre Botrange versichern, dass das Venn seinen Schrecken verloren habe: "Alle Strecken sind sicher und gut ausgeschildert." Sie empfehlen die Moor-Route und überreichen uns eine Karte, auf der alle Stationen verzeichnet sind. Neugier mischt sich mit Vorfreude. Auf geht's!

Ein Pfad mit vielen schönen „Knoten"

Ostbelgien ist ein Paradies für sportliche Naturfreunde. Sie können in Ostbelgien ihre Fahrrad- oder Wandertour nach Lust und Kondition auswählen. Auch untrainierte Radler brauchen keine Angst zu haben, dass sie unterwegs schlapp machen. Denn mit dem „Velotour-System" bietet Ostbelgien eine flexible Alternative zu starren Thementouren. Das Beste daran ist: Man kann sich unterwegs je nach Wetterlage oder körperlicher Verfassung jederzeit für eine andere – kürzere oder längere - Strecke entscheiden. Auch Wanderer schätzen diese Flexibilität zunehmend.

Das Velotour-System bietet eine kinderleichte Orientierung auf insgesamt rund 850 Kilometern. Wie ein Spinnennetz zieht sich das Radwegenetz von Gemmenich bei Aachen bis nach Ouren an der luxemburgischen Grenze. Darin sind sämtliche Kreuzungen als Knotenpunkte durchnummeriert. Gleichzeitig wird auf Tafeln die Richtung zu den nächsten Knotenpunkten angegeben. Insgesamt gibt es 182 Knotenpunkte. An 27 Kreuzungen steht zusätzlich zu den einfachen Velotour-Schildern eine Gesamtkarte des Wegenetzes. Von hier aus kann jeder Radfahrer seine Route festlegen, indem er sich einfach die Nummern der Knotenpunkte merkt oder notiert, die er anfahren möchte. So kann man beispielsweise das Hohe Venn durchqueren, auf der „Energie-Route" rund um den See von Bütgenbach die Gewinnung von Wasser-, Wind- und Solarenergie beobachten oder der „Mühlenroute" durchs idyllische Ourtal folgen.

Ein eigenes, mit GPS-Daten ausgestattetes Netz wurde für Mountainbiker mit sportlichem Ehrgeiz entwickelt. Und noch eine Attraktion hat das ostbelgische Rad- und Wandernetz zu bieten: die „Ravel-Routen". So nennt man die immer weiter ausgebauten Radwege, die über die Bahntrassen der ehemaligen Vennbahn führen. Sie haben den Vorteil, dass sie nur sanfte Steigungen aufweisen und deshalb besonders familienfreundlich sind. Auch gut trainierte Rollstuhlfahrer bewältigen die Strecken. ▶

Radfahren ist in Ostbelgien ein Spaß für die ganze Familie. Mit dem Velotour-System lassen sich die Routen individuell zusammenstellen – sogar noch während der Fahrt. Ein Netz von insgesamt 850 Kilometern erschließt die schönsten Nischen der Natur.

Treue Seelen

Wie der typische Gast Ostbelgiens aussieht, hat die Haute École Charlemagne in Lüttich fünf Jahre lang für das Verkehrsamt der Ostkantone erforscht. Leicht verallgemeinert sieht das Ergebnis wie folgt aus:

Er (oder sie) ist zwischen 41 und 60 Jahre alt und arbeitet im Angestelltenverhältnis. Seine Freizeit verbringt der Gast am liebsten mit Wandern oder Radfahren. Dicht dahinter stehen Kultur-Erlebnisse und kulinarische Genüsse.

Die Gäste erweisen sich als ausgesprochen treu: Ist Ostbelgien erst einmal als Ausflugsziel entdeckt, dann kommt man gern wieder und bucht sein Quartier im Voraus. Bei der Wahl ihres Ziels verlassen sich die Besucher häufig auf die Empfehlungen von Freunden oder Bekannten. Die Gäste übernachten am liebsten in Hotels oder in Ferienwohnungen. Derartig abgesichert, sind die Ostbelgiengäste in der großen Mehrzahl sehr zufrieden mit ihrem Aufenthalt. Dafür spricht: 90 Prozent wollen erneut in die Region kommen.

Von den Befragten waren 57 Prozent Tagesgäste, die Übrigen nahmen sich Zeit zum Übernachten. Unter den Gästen, die mehrere Tage bleiben, stellen die Flamen die größte Gruppe.

In der stillen Mitte

Das Hohe Venn gehört zu Ostbelgiens kostbarsten Naturschätzen. Das mit rund 4500 Hektar größte Hochmoor Europas bildete sich seit der Eiszeit vor mehr als 7000 Jahren auf einem Quarzitschild im Erdinneren, der vor 15 Millionen Jahren entstand. Hohe Niederschläge und der besondere Untergrund führten dazu, dass sich meterdicke Schichten aus Torf bildeten. Wie ein Schwamm saugen sie den Regen auf. Was der Torf nicht speichern kann, fließt in Bäche, Seen und Talsperren. Die schönsten Erholungsgebiete und Badestrände – sei es am Bütgenbacher See oder an der Wesertalsperre – sind auf diese Weise unmittelbar mit dem Venn verbunden. Aber um das fragile natürliche Gleichgewicht zu erhalten, ist aufwändige Pflege notwendig, die beispielhaft organisiert werden will.

Dazu wurde der empfindliche Lebensraum in vier Schutzzonen eingeteilt: Zone A darf jederzeit betreten werden, Zone B und C nur eingeschränkt, und Zone D ist für die Öffentlichkeit komplett gesperrt. Über besonders feuchte Stellen führen Holzstege, das macht das Wandern besonders für Kinder zum Erlebnis. Trotz der hohen Niederschläge werden bei Trockenheit zusätzliche Bereiche wegen Brandgefahr gesperrt, die sich in Torfgebieten verhängnisvoll auswirken kann. Von März bis Juni ist die Brandgefahr besonders groß.

Wo Naturschutz Programm ist

Rund 800 Tierarten von der Ameise bis zum Wolf und über hundert Pflanzen gehörten einmal zum Öko-System Venn. Besonders den Lebensraum Wald hebt das Forstzoologische Museum im Haus Ternell nahe Eupen anschaulich hervor, das neben dem Centre Botrange einen weiteren Mittelpunkt des Naturschutzes in Ostbelgien darstellt.

Mit attraktiven Angeboten und einem reichhaltigen Veranstaltungskalender ist es eine hervorragende Bildungseinrichtung der Deutschsprachigen Gemeinschaft für junge und erwachsene Besucher im Bereich Naturschutz und Umweltpädagogik. Noch dazu genießt es einen ausgezeichneten Ruf als Akademie der Naturführer im Hohen Venn und arbeitet es mit Hochschulen und Naturschutzverbänden in Belgien und im Ausland zusammen.

Im Naturzentrum Haus Ternell bekommt man einen guten Einblick in die Flora und Fauna Ostbelgiens, beispielsweise in die faszinierende Welt der Insekten und Käfer, unter denen es in Ostbelgien einige Raritäten gibt. Der Blauschillernde Feuerfalter zählt dazu oder der Violette Ampferfeuerfalter. Auch Libellen, Lurche und Frösche lieben die Feuchtgebiete. Blindschleichen und Ringelnattern schlängeln sich über den Waldboden.

Unter den Bäumen wuseln Wiesel, Marder und Füchse. Warzenbeißer nennen sich seltene Laubheuschrecken, die in der Heide nördlich von Elsenborn vorkommen. Wenn man sie anfasst, beißen sie sich vor Schreck in die Haut und sondern einen ätzenden Saft ab, der Warzen zum Verschwinden bringen soll.

Wir haben im Naturparkzentrum Botrange die Ausstellung „Naturama" besichtigt, die mittels eines schneckenförmigen Zeittunnels durch die Naturgeschichte des Hochmoors führt, und uns in der Gaststätte noch schnell mit köstlichen Waffeln gestärkt. Außerdem nehmen wir ein paar Sandwiches als Wegzehrung mit, denn auf der Moor-Route gibt es keine Möglichkeit zur Einkehr – und man weiß ja nie ... Es ist 11 Uhr und 27 Kilometer liegen vor uns – auf geht's! Etwa zur Hälfte wird unser Weg über asphaltierte Strecken führen, der Rest sind gut befestigte Wirtschaftswege.

Schon nach zehn Minuten lockt die erste Pause mit Programm. Auf einer Tafel neben einem Graben wird erklärt, dass arme Venn-Bewohner Jahrhunderte lang ihre Hütten mit 15 000 bis 20 000 Torfbriketts im Jahr heizten. Neben dem Schild steht ein mannshoher Siebenstern aus Holz. Die kleine, unscheinbare Blume ist das botanische Wahrzeichen des Hochmoores. Man glaubt früher sogar, sie könne vor dem Tod schützen.

Eines der Blätter des hölzernen Modells hat eine Öffnung, hinter der Texte sichtbar gemacht werden können. Wir erkennen, wie gewaltig der Eingriff in die Natur war, wenn Torf zum Heizen benutzt wurde: Das Venn wächst höchstens einen Millimeter im Jahr, an einigen Stellen ist die Moorschicht schon neun Meter dick.

Natürliche Ressourcen gelten als Juwelen

Nicht immer liebten die Menschen in Ostbelgien das Hohe Venn, denn es behinderte ihre Mobilität und barg Gefahren. Siedler legten deshalb vor vielen Jahren Entwässerungsgräben im Moor an – oder ließen Sträflinge diese harte Arbeit verrichten. Schon um 1570 war die Technik des Torfstechens bekannt, die einen guten Brennstoff lieferte. Torfstecher lösten Quader aus dem Grund, Karrenfahrer - und Karrenfahrerinnen - transportierten die feuchten Stücke ab und legten sie zum Trocknen aus. Rund 2000 Hektar Moorfläche sollen bis ins 20. Jahrhundert auf diese Weise verheizt worden sein. Noch stärker aber wurde das Moor durch Kultivierung reduziert. Fichten pflanzten erst die Preußen und dann die Belgier im 19. Jahrhundert an, um die Sümpfe auszutrocknen. Die Moorfläche wurde dadurch von rund 12 000 Hektar auf zirka 4000 reduziert. Den ökologischen Wert der einzigartigen Landschaft hat man erst in den vergangenen Jahrzehnten wieder schätzen gelernt.

1957 sah ein erster Schutzplan das Aufstellen von Schildern und Info-Tafeln sowie die Anlage von Holzstegen vor. 1986 wurden die Naturschutzbestimmungen verschärft. Die weitere Austrocknung des Moores sollte verhindert und zumindest teilweise wieder rückgängig gemacht werden. 1992 wurden sensible Flächen zu den Kernzonen hinzugezählt. Sie dürfen nur noch in Begleitung von staatlich geprüften Führern betreten werden.

Touristisch hat sich das Venn seitdem für die Gemeinden im Osten Belgiens als Juwel erwiesen. Auch wenn heutzutage die Wege beschildert sind und Stege aus Holz sicher über sumpfigen Untergrund führen, bewahrt es seinen Zauber des Einmaligen, Unentdeckten und Unbezähmbaren. Wandern und Rad fahren, Skilanglauf und Thementouren für Familien mit Kindern werden als Naturerlebnis organisiert. Alle Dörfer und Städte rund um das Venn profitieren heute vom ehemals armen, dünn besiedelten Moor und immer mehr Menschen bietet der Tourismus Beschäftigung. ▶

S. 32/33: Wenn der Winter im Wallonisches Venn einkehrt, erscheinen Magie und Mythen zum Greifen nah.

In seiner Ruhe und Einsamkeit lässt das Hohe Venn die Stimmungen der Jahreszeiten besonders eindringlich spürbar werden.

Dürre Baumgerippe ragen in Noir Flohay wie Skulpturen in den Himmel. Das Hochmoor ist eine Landschaft, die durch ständigen Wandel nicht nur Künstler inspiriert.

Der Herr der tausend Schafe

Einen der bemerkenswertesten Jobs im Dienst von Umwelt und Tourismus hat Marc Morren inne: Der ehemalige Marketing-Fachmann, der vom Großvater einen Bauernhof übernommen hat, ist Herr über 1000 Schafe, die in zwei Herden im Venn weiden. Ihre Aufgabe: Fressen für den Naturschutz. Die Herde hält mit ihrem gesegneten Appetit sämtliche Gewächse kurz, die zu einer Verbuschung der Flächen führen könnten. Und so stecken 800 ausgewachsene Ardenner Fuchskopf-Schafe ihre hübschen Köpfe ins Gras. Hinzu kommen Jungtiere und ein paar Dutzend robuste Walliser Bergschafe, die es den großen Schafherden nachmachen, die im 19. Jahrhundert über die Höhen zogen.

Neben den sanften Wolltieren sind sieben Border-Collies die Stars der Herde. Damit es keine Missverständnisse bei der Arbeit gibt, trainiert Morren seine Hunde in unterschiedlichen Sprachen. So fühlt sich Ben angesprochen, wenn das englische Kommando „left" ihn nach links schickt. Zwette dagegen hört auf flämische Anweisungen, Don auf französische.

Das klingt genial, hat aber einen kleinen Haken, erläutert Morren: „Die Hunde sind so intelligent, dass sie mit der Zeit auch die Kommandos verstehen, die für ihre Kollegen bestimmt sind." Und da sie Arbeit unterhaltsam finden, laufen dann manchmal gleich mehrere Hunde los, um ein verirrtes Schäfchen auf den rechten Weg zu führen. ▶

Im Sommer trägt das Wollgras weiße flauschige Köpfe, die sich wie Watteb̈ällchen vom grünen Untergrund abheben.

Rechts: Marc Morren mit seinen Ardenner Fuchskopf-Schafen.

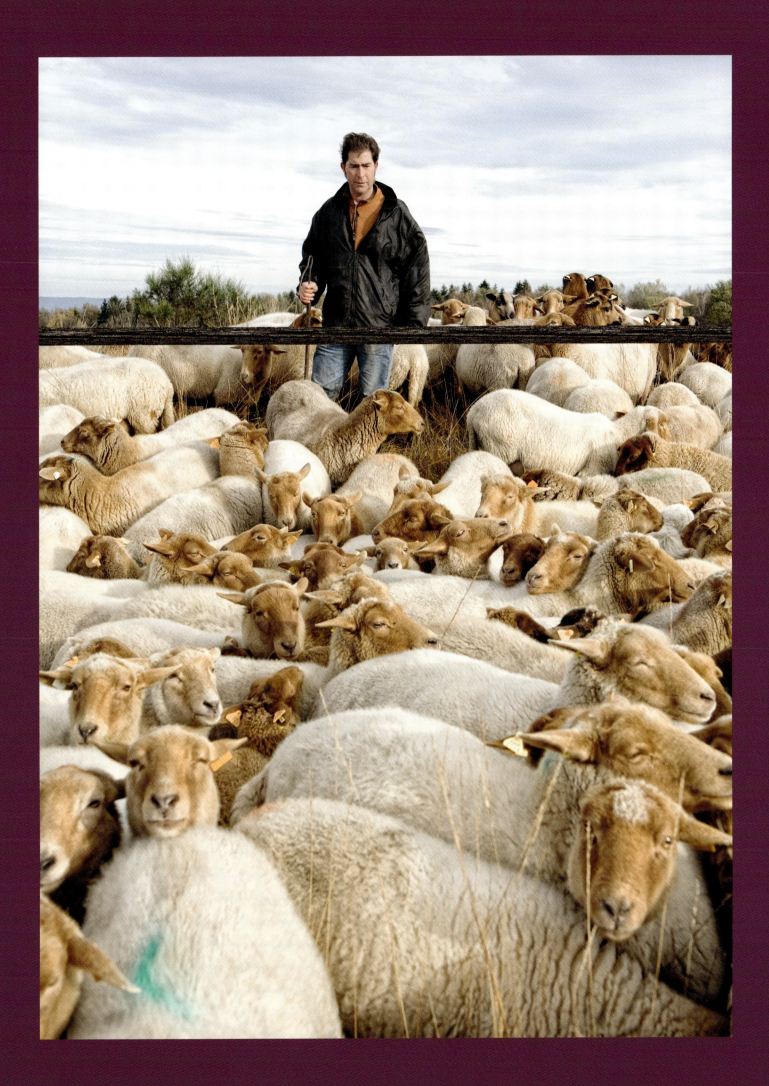

Erlebnisland Ostbelgien

Alle neun Gemeinden der Deutschsprachigen Gemeinschaft pflegen den Natur-Tourismus als nachhaltige Wirtschaftsquelle. Als „Wander-, Velo- und Naturland" stellt sich Ostbelgien auf den bedeutenden Tourismus-Messen vor. Eng damit verbunden sind Aktivitäten wie Angeln, Reiten, Klettern oder Fliegen. Das „Erlebnisland Ostbelgien" präsentiert schließlich die genüssliche Seite der Kultur: Musik in allen Stilrichtungen, Ballett, Theater, bildende Kunst. Hinzu kommen außergewöhnliche Orte, die man besuchen und erfahren kann: Burgen oder Museen zum Beispiel. Ostbelgien hat sich vor allem unter Kurzurlaubern zum Geheimtipp entwickelt. Rund 60 Prozent der Gäste sind Belgier, hat das Verkehrsamt der Ostkantone festgestellt. Drei Viertel von ihnen reisen aus Flandern an. Weitere 20 Prozent der Urlauber kommen aus den Niederlanden, zehn Prozent aus Deutschland und zehn Prozent aus Frankreich, Großbritannien und anderen Nationen.

Die positive Entwicklung freut insbesondere die Vermieter der Ferienwohnungen. Rund 500 sind es zurzeit – Tendenz steigend. Die meisten sind im Süden der Deutschsprachigen Gemeinschaft zu finden. Fast jede Woche kommt eine neue Ferienwohnung dazu, sagen die Touristiker. Die Auswahl reicht von der einfachen Unterkunft bis zur Luxus-Wohnung mit Wellness-Angebot. Die Gäste wissen das zu schätzen und halten Ostbelgien nicht nur in Schönwetter-Zeiten die Treue. Wer über Weihnachten und Neujahr anreisen möchte, sollte schon ein Jahr im Voraus buchen, sonst sind alle Quartiere vergeben.

Der touristische Aufschwung ist nicht zuletzt ein Erfolg der konsequenten Aufbauarbeit des Verkehrsamtes der Ostkantone und seines langjährigen Direktors Manfred Dahmen. Er leitete das Amt seit der Gründung im Jahr 1987 bis Anfang 2009 und war als „Mister Tourismus" über die Landesgrenzen hinaus ein beliebter Botschafter Ostbelgiens. „Wir lassen unsere Gäste nicht allein, wir schaffen ihnen Angebote", lautete eine der Maximen Dahmens. Und so erfahren Besucher nicht nur, was man in der Natur unternehmen kann. Sie werden auch an Kunst und Handwerk herangeführt, in Kirchen und Kapellen begleitet, zu kulturellen Events eingeladen. Es gibt Burgen-Runden und Gourmet-Touren, und die ursprünglich für Autofahrer ausgewiesenen Routen werden zunehmend von Motorradfahrern geschätzt – Bikers welcome! ▶

Ostbelgien aktiv: Beim Armbrustschießen (oben), Schneewandern (rechts oben) und Kartfahren (rechts unten).

S. 40/41: Rund um Ouren im südlichen Zipfel Ostbelgiens laden gastliche Orte und zauberhafte Natur zum Entdecken ein.

Das Kreuz der Verlobten

Sie waren jung und sie waren verliebt. Was machte es ihnen schon aus, dass ein Schneesturm sich ankündigte, als sie sich am Morgen des 21. Januar 1871 auf den Weg quer übers Venn machten, um Papiere für ihre Hochzeit zu besorgen?

François Reiff war 1839 in Bastogne geboren, und jetzt arbeitete er mit beim Bau der Gileppe-Talsperre. Er traf sich mit der Hausangestellten Maria Solheid, wo sie sich zum ersten Mal gesehen hatten: im Café Mixhe in Jalhay, wo Marias Bruder beschäftigt war. Nach Xhoffraix wollten sie, 20 Kilometer übers Venn, denn da war Maria 1846 geboren. Marias Bruder hatte Bedenken: Der Schnee lag zu hoch und der Wind trieb neue Wolken heran. Doch Maria und François wollten nicht warten.

Ein paar Stunden später bereuten sie, nicht auf die Warnung gehört zu haben. Der Schnee hatte alle Wegmarkierungen zugedeckt. Der Kampf gegen den Schneesturm raubte ihnen alle Kraft. Hunger und Durst plagten sie. Angst kroch ihnen in die Glieder. An der Grenze zwischen Preußen und Belgien brach Maria zusammen. François rief ihren Namen, versuchte sie mit seinem Körper zu wärmen – vergeblich. Verzweifelt schrieb er auf einen Zettel: „Maria vient de mourir, et moi je vais le faire" – „Maria ist tot, und ich sterbe jetzt auch." Dann machte er sich auf den Weg. Zurück nach Jalhay wollte er, um Hilfe zu holen. Doch er verirrte sich noch tiefer in der weißen Wüste.

Am 13. März 1871 fand man François Reiff in der Nähe von Solwaster. Am 25. März 1871 entdeckte ein preußischer Zöllner auch Maria Solheid. Ihr lebloser Körper lag allerdings nicht dort, wo François sie verlassen hatte, weil er glaubte, sie sei tot. Maria war nur bewusstlos gewesen. Verzweifelt hatte sie noch versucht, sich zur Baraque Michel durchzuschlagen, wo schon so viele Verirrte Rettung gefunden hatten. Nur ein kurzes Stück war es bis dorthin. Aber ihre Kräfte waren verbraucht, am Grenzstein 151 konnte Maria nicht mehr weiter. Mit letzter Kraft hatte sie sich noch ihren Unterrock vom Leib gerissen und über einen Busch gehängt – man musste ihn doch sehen, oder? Dann schlief sie ein und wachte nicht wieder auf - zwei Kilometer von ihrem geliebten François entfernt.

François Reiff wurde nur 32 Jahre alt, Maria Solheid 25. Das Venn nahm ihnen das Leben. Und es machte sie unsterblich. Noch heute erinnert ein Kreuz nahe Baraque Michel an die Liebenden. Das echte „Kreuz der Verlobten" aber wird in einer Vitrine des Naturschutzzentrums Botrange bewahrt. Es birgt unter den vielen Kreuzen im Venn die wohl anrührendste Geschichte.

Die Kreuze im Venn (links) bilden eine Brücke zwischen Vergangenheit und Gegenwart. Meist sind es traurige Erinnerungen, die sie überliefern. Das echte „Kreuz der Verlobten" wird in einer Vitrine des Naturschutzzentrums Botrange bewahrt (oben).

S. 44/45: Mensch, Natur und Kunst begegnen sich auf der Waldbühne in Heppenbach.

Sympathisch wirkt es auf Gäste, dass sie auch bei den lokalen Festen und Feierlichkeiten der Ostbelgier gern gesehen sind – vom Karneval über die großen Festivals bis zum Martinszug und vom Blumenkorso in Hergenrath bis zu Passionsspielen in Kelmis oder Schönberg. Dieses Miteinander kommt dem Bedürfnis der Ostbelgier entgegen, ihre eigene kulturelle Identität zu wahren und gleichzeitig gastfreundlich zu sein. Dabei lassen sie Besucher Anteil haben an allem, was ihnen wichtig ist. In jedem Dorf gibt es Musik- oder Theatervereine – nicht für Touristen, sondern zur eigenen Freude. Da finden auswärtige Gäste schnell Anschluss und genießen das gute Gefühl, dass hier nichts für sie inszeniert wird: Sie erleben echte Gemeinschaft. Für alle Angebote gilt: Ostbelgien ist kein Land des Massentourismus. Schon früh hat man der Versuchung widerstanden, einen großen Ferienpark anzusiedeln. Stattdessen setzten die Verantwortlichen auf eine nachhaltige Entwicklung in der Fläche. Das zahlt sich jetzt aus: Statt nur eines massiv geförderten Brennpunktes profitiert die gesamte Region vom sanften Tourismus.

Weiter geht's. Wir freuen uns schon darauf, entlang der Moor-Route insgesamt elf „interaktive" Stationen zu erforschen. Sie informieren auf unterhaltsame Weise über ökologische Zusammenhänge sowie über Tiere und Pflanzen. Auch Kinder haben ihren Spaß an den Tafeln, die man drehen und schieben muss, um Texte lesbar zu machen. Gleichzeitig werden alle großen und kleinen Betrachter dafür sensibilisiert, wie wertvoll und wie verletzlich die Natur um sie herum ist – beispielsweise durch die beiden riesigen Hände, die wir am Boden vorfinden. Man kann Tafeln aus ihnen herausziehen, auf denen etwas über die Tiere und Pflanzen gesagt wird, für die das Moor die Lebensgrundlage bietet. Flora und Fauna hängen voneinander ab – sie leben gewissermaßen Hand in Hand miteinander. „Der gesetzliche Schutz", so heißt es auf einer Info-Tafel am Rande der Moor-Route, „reicht bei weitem nicht aus, um eine absolute Garantie gegen alle heutigen bzw. aus der Vergangenheit geerbten Gefährdungen zu bieten." Wachsam müsse man bleiben, um einen langfristigen Schutz des Venns zu gewährleisten. Davon sollen alle Naturbewohner profitieren, zum Beispiel Wildkatze und Frosch, Lilie und Narzisse.

Wilde Schönheiten läuten den Frühling ein

Am Anfang war es nur ein sanftes Klingeln, mittlerweile hat es sich zum kräftigen Läuten entwickelt, das in ganz Belgien gehört wird. Wenn im April die Narzissenblüte beginnt, entfaltet sich ein Naturschauspiel mit Millionen von Blüten. Sie locken naturbegeisterte Wanderer an, so als würden ihre kleinen Glocken tatsächlich läuten. Eine aufwändige Renaturierung der Bachtäler hat die sanfte Pracht wieder zum Leben erweckt. Jahrzehnte lang hatten Fichten den Narzissen das Licht genommen, das sie benötigen, um sich zu entfalten. Die kostspieligen Naturschutz-Programme haben sich gelohnt: Vor allem Stadtmenschen empfinden die Narzissenblüte jedes Jahr wieder als kleines Wunder. Begleitet werden sie auf ihren Exkursionen von Naturschützern. Vertreter der Belgischen Natur- und Vogelschutzgebiete (BNVS) laden zum Narzissenfest im Holzwarchetal und zu geführten Wanderungen ab der Enkelberger Mühle zwischen Rocherath und Mürringen ein. Vom Naturzentrum Ternell geht es ins Perlenbachtal und ins Fuhrtsbachtal. Auch das Naturparkzentrum Botrange verwöhnt die Narzissenliebhaber und für kleine Besucher gibt es Animationsprogramme. Die Naturliebhaber kommen nur zum Schauen, denn das Pflücken oder gar Ausgraben der wilden Schönheiten ist streng verboten.

Eine Presse am Wegesrand weckt unsere Experimentierfreude. Wir probieren aus, wie viel Wasser Torf aufnimmt und wundern uns: Rund 900 Liter Wasser saugt der Boden an dieser Stelle wie ein Schwamm auf. Was nicht gespeichert werden kann, verdunstet oder fließt in Bäche und Talsperren. Seinen gesamten Wasserreichtum verdankt Ostbelgien dem Venn, und damit wirtschaftliche Voraussetzungen: Die Textilindustrie profitierte in vergangenen Jahrhunderten vom weichen Venn-Wasser, und heute bezieht die Region ihr Trinkwasser aus Talsperren, die zugleich als Freizeitoasen dienen. Am Wasser der Bäche kann man ablesen, woher es stammt: Wenn sich weiße Schaumkronen bilden, so kann das ein Anzeichen sein, dass sich Stoffe aus Lehm und torfigem Untergrund miteinander vermischen; eine rötliche bis rostbraune Färbung deutet dagegen auf stark eisenhaltige, kohlensaure Quellen hin. ▶

Wenn im April die Narzissen ihre Knospen öffnen, entfaltet sich ein Naturschauspiel mit Millionen von Blüten.

Sport, Spiel, Spaß am Wasser

Naherholungsziel Nummer eins nahe Eupen ist die 1950 eingeweihte Wesertalsperre, gespeist von Weser und Getz. Durch einen 1200 Meter langen Tunnel wird auch Wasser aus der Hill in den Stausee geleitet, der die Region mit Trinkwasser versorgt. Besucherzentrum, Aussichtsterrasse und Spielplatz ziehen Familien mit Kindern an, aber auch Wanderer und Radfahrer. Kletterer können am 30 Meter hohen Turm – der als höchste Kletterwand der Euregio gerühmt wird – ihre Kräfte messen und sich dann über „Death Ride" oder „Tyrolienne" spektakulär abseilen.

Ostbelgiens lebendigster Strand aber liegt am Bütgenbacher See, wo das Sport- und Freizeitzentrum Worriken Familien, Sportlern und Schulklassen Spaß und Unterhaltung bietet. In das traditionelle Feriengebiet hat die Deutschsprachige Gemeinschaft investiert, und jetzt machen Gruppenunterkünfte, Campingplatz und rund fünfzig Ferienhäuser die Anlage zum perfekten Domizil für Aktivurlauber.

Es gibt zahlreiche Hallen- und Außenplätze sowie ein Hallenbad. Die kleinen Gäste tummeln sich im Aqualand, die Großen auf dem Beachsandplatz bei Volleyball, Soccer oder Handball. Die größte Zugnummer aber ist der See, der zum Segeln, Surfen, Kanufahren, Schwimmen und Tauchen einlädt – oder einfach nur zum Sonnenbaden und Faulenzen am Ufer und auf der Insel. ▶

Die Wesertalsperre bei Eupen ist ein beliebtes Ausflugsziel. Weser und Getz speisen das wichtigste Trinkwasser-Reservoir Ostbelgiens.

Hier lockt Urlaubsvergnügen pur: Ostbelgiens schönste Aktiv-Strände liegen am Bütgenbacher See. Wassersportler können segeln und surfen sowie Kajak und Kanu fahren.

Im Schieferstollen von Recht

Es muss jedoch nicht immer Wasserspaß sein. Auch unter Tage lässt sich erfahren, wie man in Ostbelgien mit Geschick und Fleiß zum Leben nutzt, was die Natur bietet. Im Mai 2007 wurde mit dem Besucherbergwerk im Schieferstollen beim Dorf Recht ein neues touristisches Zentrum eröffnet, das auch internationales Interesse weckt. Über Stahlgitter, Treppen und Brücken spazieren die Besucher an Szenen mit Steinhauer-Puppen vorüber. Sie erfahren, wie beschwerlich der Schiefer- und Blausteinabbau im 18. und 19. Jahrhundert war.

Von 1895 bis 1907 hatte der Schieferabbau in Recht kleinindustrielle Ausmaße erreicht. 45 Familien konnten damit ihren Lebensunterhalt bestreiten. Aus Rechter Schiefer fertigten Steinmetze Grabkreuze, Tür- und Fenstereinfassungen, Wassertröge und Bodenplatten. Doch weil die Eisenbahn den Ort links liegen ließ und weil kein Geld für die Modernisierung des Bergwerkes aufzutreiben war, ging der Abbau zu Ende. Nur einmal noch wurde der Stollen geöffnet: Im Winter 1944/45 bot er während der grausamen Ardennenschlacht vielen Einwohnern aus Recht sechs Wochen lang Schutz.

1998 aber riefen engagierte Bürger des Dorfs einen gemeinnützigen Verein zur Erschließung des Schieferstollens ins Leben. Ihre mühsame Arbeit fand öffentliche Unterstützung durch die Europäische Union, die Deutschsprachige Gemeinschaft und die Stadt St. Vith. Über allem aber steht ein Kraftakt ehrenamtlichen Engagements. Rund 500 Kubikmeter Schlamm und Gesteinsbrocken hat ein gutes Dutzend Männer aus dem 400 Meter weit in den Berg hinein getriebenen Stollen herausgeholt. „Wie wir das durchgehalten haben, können wir heute kaum noch erklären", sagen Didier Landers, Vorsitzender der VoG Schieferstollen Recht, und die anderen Pioniere des Besucherbergwerks.

Am Stollen-Ende, wo Sprengungen einen bis zu 17 Meter hohen, saalähnlichen Raum geschaffen haben, wurde eine sechs Meter tiefe Quelle gefasst, aus der die Rechter früher Wasser schöpften. Fundstücke aus der Bergbauzeit, Öllämpchen der Hauer und ein Film erinnern in der Empfangshalle an die Zeit des Schieferabbaus. Aber das reicht noch nicht. Für Didier Landers und die anderen steht fest: „Wir machen weiter. Jetzt geht es daran, die Info-Räume für Besucher zu erweitern."

Didier Landers gehörte zu den Pionieren, die den Schieferstollen von Recht wieder für Besucher zugänglich machten.

Comics und zerbrochene Krüge

Die natürlichen Ressourcen nutzen – das war auch das Prinzip der Töpfer von Raeren. Vom 14. bis ins 19. Jahrhundert haben sie mit der Herstellung von Steinzeug die Region geprägt. Noch heute nutzt ihre Arbeit dem Dorf, denn Raeren ist für sein renommiertes Töpfereimuseum in der Wasserburg weit über die Landesgrenzen hinaus bekannt.

Die alte Handwerkskunst wird auf originelle und vielseitige Weise lebendig. Für den fein gemusterten Fußboden in der ehemaligen Küche der 600 Jahre alten Burg beispielsweise wurden Keramikstäbchen verwendet, die die Töpfer zwischen das Brenngut im Ofen schoben, damit sich Krüge und Töpfe nicht berührten. Archäologen stellten fest, dass sich die früheren Bewohner der Burg dagegen nicht unbedingt durch Sparsamkeit ausgezeichnet hatten. Alte Pötte flogen kurzerhand in den Burggraben. Die Wissenschaftler buddelten das verschmähte Geschirr wieder aus und Teile von zerbrochenen Krügen finden sich jetzt in einer originellen Scherbensäule wieder. Sie erinnert auch daran, dass Raubgräber in der Vergangenheit viel Wertvolles zerstörten, wenn sie rings um Raeren auf Beutezug gingen.

Zunächst waren unter den geschickten Händen der Töpfer Dinge für den täglichen Gebrauch entstanden, vom Öllämpchen bis zum Nachttopf. Später wurden Dreihenkelkrüge zum Markenzeichen der Raerener Töpfer. Zur Blütezeit brachten sie ihr Handwerk im 16. und 17. Jahrhundert. Bei 1200 Grad Celsius gebrannt und mit einer Salzglasur versehen, eigneten sich ihre Produkte hervorragend als Trinkgefäße und Vorratsbehälter.

Das innovative Geschirr aus Raeren wurde in Stroh verpackt auf Pferdekarren verladen, um nach ganz Europa, aber auch nach Übersee verkauft zu werden. Krüge und Pinten, Humpen und Sturzbecher, Teller und Aquamanile standen auf den gescheuerten Holztischen der Bauern ebenso wie auf den Tafeln der Fürsten. Die flämischen Maler Jan und Pieter Brueghel ließen Zecher auf ihren Bildern aus Raerener Geschirr trinken. Zudem wird deutlich, dass die belgische Comic-Kultur schon im 17. Jahrhundert Vorläufer hatte: Bildfriesen rund um zylindrische Krüge zeigen Musiker und tanzende Bauern, aber auch biblische und erotische Szenen. Kulturhistorische Themenpfade führen von der Burg über Raerener Wiesenwege zu den Spuren der Töpfer. ▶

S. 56/57: Die Herstellung von Steinzeug prägte die Region rund um die Wasserburg Raeren über Jahrhunderte.

Links: Ebenso wie nahe der Eyneburg laden auch wildromantische Wälder, Wiesen und Täler in der Umgebung der Wasserburg Raeren zum Wandern und Spazierengehen ein.

Oben: Fahrendes Volk und fliegende Händler werben auf der Eyneburg bei Hergenrath um die Gunst des Publikums. Zwischendurch haben die kostümierten Animateure aber auch Zeit für einen Plausch am Rande.

Auf der Eyneburg ins gefühlte Mittelalter

Während auf der Wasserburg Raeren heute wissenschaftlich korrekt in vergangene Zeiten geblickt wird, dominiert auf der Eyneburg in Hergenrath bei Kelmis das gefühlte Mittelalter. Auf einer Anhöhe am linken Ufer der Göhl ist die für Ostbelgien bedeutende historische Anlage zu einer attraktiven Station im Verlauf der Burgenroute geworden. Wälder, Flusstal und Felsformationen bilden eine wildromantische Umgebung für die Ritterburg aus dem 13. Jahrhundert. Mittelalter-Freunde aller Schattierungen sind hier willkommen – im Kostüm oder „zivil".

Bauherren der imposanten Anlage waren die Ritter von Eyneberghe, doch alle Welt spricht auch von der Emma-Burg, denn von der Tochter Karls des Großen wird hier eine hinreißende Liebesgeschichte erzählt. Emma soll demnach in ihrer Kemenate auf der Eyneburg ihren Geliebten, den Geheimschreiber des Kaisers, empfangen haben. Damit Spuren im Schnee den unerlaubten Besucher nicht verrieten, trug die kräftige Prinzessin ihren Eginhard kurzerhand huckepack über den Hof. Kaiser Karl persönlich soll sie dabei beobachtet haben und verbannte die Verliebten am nächsten Morgen von der Burg. Ob historisch haltbar oder nicht – ein Bronzerelief am Brunnen im Burghof erinnert mit einer nicht misszuverstehenden Darstellung an die sagenhafte Nacht.

Die Fortschritte der Renovierung der Eyneburg lassen sich bei Führungen durch Gemächer, Kaminzimmer und Kapelle, durch die Burghöfe und entlang der Burgmauer zur ehemaligen Turnierwiese beobachten. Das frühere Leben, Feiern, Kämpfen und Leiden in und vor den Burgmauern lässt sich gut nachempfinden. Große Mittelalter-Veranstaltungen mit bis zu 800 Akteuren ziehen Besucherscharen an, und manchmal rockt die Eyneburg sogar. Schulklassen, Kindergärten und Kindergeburtstage bringt eine Waldpädagogin in Schwung. Burgräume kann man für private Feste und Workshops mieten, und am Wochenende öffnen Händler ihre Stände. Schlagzeilen machte die Eyneburg, als zum Dreh des Films „Die Kinder von Timpelbach" nach dem Roman von Henry Winterfeld sogar Gérard Départdieu anreiste. ▶

Tröstende Worte am Pranger und stattliche Ritter beleben die Szenerie auf der Eyneburg, die eine Station auf der Burgenroute ist. Aber auch Mittelalter-Freunde in Zivil sind herzlich willkommen.

Ruinen zeugen von großen Zeiten

Ganz im Süden der Deutschsprachigen Gemeinschaft liegt die Burg Reuland. Ursprünglich gehörte die Festung mit einem Grundriss von 55 mal 65 Metern zu den größten und schönsten der Eifel. Zwischen den Mauerresten des ehemaligen Wohnbereichs steht heute ein Empfangspavillon mit einem Modell, das die Burg in alter Pracht zeigt.

Doch auch in der Ruine, dem Wahrzeichen der Gemeinde am Dreiländereck mit Deutschland und Luxemburg, spürt man noch den Hauch des Mittelalters. Schon zur Römerzeit war der Ort eine markante Station an der Straße von Trier nach Köln. Die Franken bauten die römische Siedlung weiter aus. Die Burg geht auf das 10. Jahrhundert zurück. Doch erst das adlige Geschlecht derer von Rulant gab Burg und Dorf im 12. Jahrhundert ihren Namen. Einer von ihnen, Dietrich von Rulant, fiel 1189 bei dem von Friedrich Barbarossa angeführten 3. Kreuzzug.

Die Besitzer der Burg wechselten, darunter waren unter anderem die Herren von Blankenheim und Johann der Blinde, König von Böhmen. 1794 zerstörten französische Revolutionstruppen die Festung. Seit 1980 steht die Ruine unter Denkmalschutz. Gelegentlich bietet sie eine romantische Kulisse für Veranstaltungen.

Heute prägen Land- und Holzwirtschaft die Gemeinde Burg-Reuland. Da überrascht es nicht, dass die Forstverwaltung dem Königshaus traditionell Weihnachtsbäume nach Brüssel liefert. Für Städter ist das grüne Tal des Flusses Our ein wahres Paradies. Auch die Quellgebiete der Ulf gehören zu einem Verbund von Biotopen, der sich bis nach Luxemburg hinein erstreckt. Wer Glück hat, kann hier noch Störche bei der Brut beobachten.

Wir fühlen uns plötzlich beobachtet. Tatsächlich: „Ils t'ont vu – Sie haben Dich gesehen", steht auf einer metallenen Tiersilhouette am Wegesrand. Auch wenn Menschen die Venn-Tiere selten erblicken – jene nehmen die Besucher ganz gewiss mit ihren feinen Sinnen wahr. Die Ruhe und die Einsamkeit wirken ungewohnt. Kaum einmal begegnen wir einem Wanderer oder Radfahrer. Man hört nur das Zwitschern der Vögel und atmet wunderbar frische Luft.

Der größte Teil der Strecke führt durch den Wald. Das ist angenehm, besonders wenn es heiß ist. Es ist ziemlich unwahrscheinlich, vom Fahrradsattel aus scheue Bewohner des Venns beobachten zu können. Aber stellenweise entdecken wir kleine Tiere aus Metall am Wegesrand – Hasen, Greifvögel, Füchse, Eulen. Und das Birkhuhn: Seine berühmten Balzrituale führt es weit weg von menschlichen Augen und Kameraobjektiven auf. Und das ist gut so, denn trotz aller Bemühungen, ihren Lebensraum zu schützen, leben nur noch wenige Paare im Hohen Venn. ▶

Im hellen Schein des Feuerwerks erhebt sich die Ruine majestätisch über Burg-Reuland.

Vom Veilchen zum Polit-Kuriosum

Aber auch Pflanzen können in Ostbelgien Geschichten erzählen. Das unscheinbare gelbe Galmei-Veilchen *(Viola calaminaria)* zeigt im Norden den Bodenschatz Zinkspat an – und gilt als Symbol für eine der kuriosesten politischen Episoden, die Europa nach dem Wiener Kongress von 1815 zu bieten hat. Von *calaminaria* leitet sich der Name der Gemeinde Kelmis ab, der zweitgrößten in der Deutschsprachigen Gemeinschaft. Schon Plinius der Ältere erwähnte im 1. Jahrhundert den Abbau von Zinkspat – oder Galmei – in der germanischen Provinz. Manchmal wird in älteren Schriften die Übersetzung „Altenberg", bezogen auf die Zinkerzgrube „Vieille Montagne", mit dem Ort Kelmis gleichgesetzt. Im 18. Jahrhundert zählte das Zinkerzvorkommen immerhin zu den reichsten in ganz Europa. Erst 1938 wurde die letzte Grube geschlossen.

Die wohl einzigartige Geschichte der Bergbauorte Kelmis und Neu-Moresnet dokumentiert das Göhltal-Museum. Hier wird gezeigt, dass bei der Neuordnung der europäischen Grenzen ab 1815 sowohl Preußen als auch die Niederlande – und ab 1830 Belgien – den für die Rüstungsindustrie kostbaren Rohstoff für sich beanspruchten. Weil man sich nicht einigen konnte, wurden 344 Hektar Land südlich vom belgisch-niederländisch-deutschen Dreiländereck zunächst einmal zur neutralen Zone erklärt. „Neutral-Moresnet" entstand 1816 und hatte bis 1919 Bestand. 1854 erhielt der kleine Zwitter-Staat sogar einen eigenen Rat. Unbeeindruckt vom politischen Chaos florierte die Wirtschaft. Die Gemeinde blühte derartig auf, dass Bestrebungen nach politischer Unabhängigkeit aufkamen - mit Esperanto als Nationalsprache.

Mit berechtigtem Stolz präsentiert das Göhltal-Museum heute eine große Kollektion an Raritäten aus jener Zeit, zum Beispiel Briefmarken. Besonders treffend wird das Polit-Spektakel durch eine Münze mit Januskopf verkörpert: Sie zeigt sowohl den belgischen als auch den preußischen König. Alle drei Jahre setzt sich zudem die Veranstaltungsreihe „Neutralia" intensiv mit der Zeit auseinander, als Neutral-Moresnet Zankapfel mächtiger Nationalstaaten war.

Um 13 Uhr ist Pause. Im Tal der Hill finden wir eine Bank, genießen unser Picknick und lassen die Seele baumeln. Die Reste unserer Mahlzeit sammeln wir sorgfältig wieder ein, denn wir haben unterwegs etwas gelernt: Füchse und Krähen stellen dem Birkhuhn nach – wie es ihre Natur ist. Nicht dem natürlichen Kreislauf entspricht es dagegen, Abfälle auf der Hochebene zurück zu lassen, von denen Fuchs und Rabe so sehr profitieren könnten, dass sie sich übermäßig stark vermehren würden. Also: Reste wieder einpacken und mitnehmen!

Das Gelbe Galmeiveilchen (Viola calaminaria) zeigt den Bodenschatz Zinkspat an – und wurde zum Wahrzeichen einer kuriosen Polit-Episode.

Erholt treten wir wieder in die Pedale, bereit für eine entspannte Rückfahrt. Was für ein Irrtum! Wer behauptet, auf einem Hochplateau sei alles ganz flach, der ist noch nie durchs Venn geradelt. Von der Hill aus geht es anständig bergauf. Nach jedem Anstieg hoffen wir, mit einer zügigen Abfahrt belohnt zu werden. Aber im Moment führt der Weg unablässig nach oben. Tief über den Lenker gebeugt ächzen wir voran. Ein Glück, dass es am Rand Tier-Schilder gibt, an denen wir die erkletterte Höhe ablesen können. 560 Meter, 590 Meter, 615 Meter, 630 Meter – das verleiht schwitzenden Radlern das Gefühl, etwas Bedeutendes zu leisten.

Nahe unserem Start- und Zielpunkt liegt das Signal de Botrange, der höchste Punkt Belgiens – 694 Meter über dem Meer. Oberst Jean-Joseph Tranchot ließ dort 1801 eine 80 Zentimeter hohe, von einer kleinen Pyramide gekrönte Steinsäule als Vermessungspunkt errichten. Wir nehmen die letzte Etappe in Angriff. Jetzt hilft nur eins: durchhalten! Vor unserem geistigen Auge tauchen Belohnungen auf wie ein kühles Bier oder ein großes, buntes, leckeres Eis auf einer sonnigen Terrasse – zum Beispiel in Eupen oder St. Vith.

Eupen, die quirlige Hauptstadt

Eupen ist mit mehr als 18 000 Einwohnern nicht nur die größte Stadt Ostbelgiens, sondern auch Schul- und Verwaltungszentrum der Deutschsprachigen Gemeinschaft. Außerdem ist die Hauptstadt an der Weser Zentrum eines Gerichtsbezirks und kann ein eigenes Funkhaus für den deutschsprachigen Sender BRF vorweisen. Die gute Infrastruktur macht die quirlige Kapitale Ostbelgiens zu einem Anziehungspunkt für Gäste, die von hier aus das Eupener Land mit den Gemeinden Kelmis, Lontzen und Raeren erkunden wollen. Im Bahnhof halten Intercitys und es gibt direkte Verbindungen nach Brüssel, Ostende, Aachen und Köln.

Vom Bahnhof aus ist man schnell im Stadtzentrum mit seinen Geschäften und gemütlichen Lokalen. Museen und schöne alte Kaufmannsresidenzen zeugen von einer großen Vergangenheit. Burgunder, Österreicher, Spanier, Franzosen und Deutsche hinterließen als Herrscher ihre Spuren in Oipen, wie die Stadt 1213 in schriftlichen Quellen genannt wurde. Schon im 16. und 17. Jahrhundert war sie für den Handel mit Nägeln und Tuch bekannt. Voraussetzung dafür war der Wasserreichtum. An der Weser, deren weiches Wasser Grundlage der Tuchindustrie war, entstanden nicht nur die ersten Getreidemühlen, sondern auch Walkmühlen.

Häuser, die Geschichte erzählen

Vor allem aber besitzt Eupen großartige Bauten der Architekten Laurenz Mefferdatis und Johann Joseph Couven. Rote Ziegel, eingefasst mit Blaustein, gehören zu den typischen Merkmalen der Eupener Belle Époque. Die historischen Bauwerke werden mit Sorgfalt erhalten, aber gleichzeitig auch für zeitgemäße Zwecke genutzt.

Das Haus Klötzerbahn 32 beispielsweise, erbaut im napoleonischen Stil, ist der repräsentative Sitz der Regierung der Deutschsprachigen Gemeinschaft. Das Gebäude aus dem 18. Jahrhundert unterscheidet sich von anderen durch seinen zur Straße hin offenen Vorhof. Der Tuchfabrikant De Grand Ry gab bei Couven die Pläne in Auftrag. Eupener Wohnkultur lässt sich aber auch im Stadtmuseum an der Straße Gospert 52 erleben, denn es enthält die nachgebaute Wohnung einer Eupener Familie aus dem 18. Jahrhundert. Schon das Gebäude aus dem Jahr 1697 ist sehenswert. Das Museum besitzt unter anderem eine kostbare Sammlung von Uhren. ▶

Das weiche Wasser der Weser bildete in Eupen die Grundlage für eine florierende Tuchindustrie.

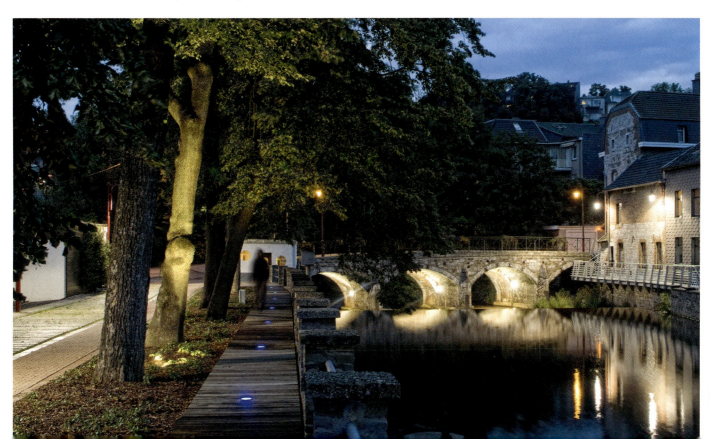

Eupener Schmuckstücke: in der die Unterstadt (links), am Klösterchen (oben) und rund um Schloss Libermé im Ortsteil Kettenis (unten).

*Eupens Wahrzeichen, die St. Nikolauskirche am Markt, wurde 1722 geweiht.
Sie trägt die Handschrift des großen Barockbaumeisters Laurenz Mefferdatis.
Die Türme wurden im Renaissancestil gestaltet.*

Am Markt zählt das aus dem 18. Jahrhundert stammende Haus des Grenz-Echo Verlags zu den architektonischen Kostbarkeiten. Das gegenüberliegende Franziskanerinnenkloster – Einheimische nennen es liebevoll „Klösterchen" – wurde 1752 nach Plänen von Johann Joseph Couven errichtet. Auch Eupens Wahrzeichen, die St. Nikolauskirche am Markt, trägt die Handschrift großer Meister. Schon 1213 wurde in Eupen eine Nikolauskirche erwähnt. Die heutige Kirche wurde von dem Aachener Barockbaumeister Laurenz Mefferdatis entworfen und 1722 eingeweiht. 1897/98 wurden die 58 Meter hohen Türme und die Fassade nach Plänen des Architekten Ludwig von Fisenne im Renaissancestil neu gestaltet. Der Innenraum der Nikolauskirche ist im Stil des Aachener Rokoko gestaltet. Nach Plänen von Couven wurde in Lüttich der Hochaltar gearbeitet. Das Kapuzinerkloster am Rathausplatz wurde 1795 beim Einmarsch napoleonischer Soldaten säkularisiert. Der linke Teil des Klosters dient seit 1796 als Rathaus.

Zum Streifzug durch die Architekturgeschichte wird auch ein Bummel über die Haasstraße. Im Jahr 2000 wurde das Haaskreuz vor dem Haus Nr. 40 erneuert. Das Original aus dem Jahr 1823 besaß einen Korpus aus Holz, die Nachbildung wurde in Bronze gegossen. Der Überlieferung nach erinnert das Kruzifix an einen verschollenen jungen Mann, der in die Welt hinaus gezogen war, statt die Tuchmacherei der Eltern fortzuführen. Einen anregenden Kontrast zur traditionellen Linie bilden in Eupen und Umgebung die Häuser, die der Architekt Yves Delhez entworfen hat. Für die organischen Baukörper verwendete er Natursteine aus der Umgebung.

Zur kleinen Pause zwischendurch laden die Plätze ein, die mit Brunnen und Denkmälern geschmückt sind. Ein beliebter Treffpunkt bei Sonnenschein ist zum Beispiel die Mariensäule von 1857 auf dem Marktplatz. 1989 wurde neben der Friedenskirche an der Klötzerbahn der Friedensbrunnen des ostbelgischen Künstlers Peter Hodiamont aufgestellt. Der Weberbrunnen in der Gospertstraße ist eine Referenz an die Tuchindustrie, der Mädchen-Brunnen an der Haasstraße wird im Volksmund „Vogelsmarie" genannt.

Der Clown an der unteren Bergstraße, 1958 vom Eupener Bildhauer Josef Braun geschaffen, entwickelte sich zum Sammelpunkt der Karnevalisten. Um Kulturfreunde werben anspruchsvolle Veranstaltungsreihen. Feste Säulen sind dabei der Eupen Musik Marathon oder das Straßentheater-Festival HAASte Töne. Von Anfang Mai bis Ende August swingt Eupen außerdem fast jedes Wochenende Open Air unter dem Motto „Summer in the City" in Musikstilen für jeden Geschmack.

Zu den Freizeitaktivitäten, bei denen auswärtige Gäste willkommen sind, gehören unter anderem der Blumenmarkt im Frühjahr, das Tirolerfest im Sommer, der Lambertus-Markt im Herbst, der Weihnachtsmarkt im Winter und – nicht zu vergessen – die Kirmes und der intensiv gefeierte Karneval. Zur Tradition geworden ist mittlerweile auch der ostbelgische Harley-Tag im Juni, wenn Motor-Biker ihre schweren Maschinen an die Weser steuern.

Wem das nicht reicht, der zieht in die Umgebung. Der Hertogenwald, der mit seinem Namen an die Herzöge von Limburg erinnert, und der Stadtwald locken hinaus ins Grüne. Im Ortsteil Kettenis führen ländliche Spaziergänge in die Vergangenheit mit Gutshöfen, Kapellen und Herrensitzen wie Schloss Libermé, Schloss Tal oder Schloss Merols. ▶

St. Vith, Metropole der Eifel

Zentrum im Süden der Deutschsprachigen Gemeinschaft ist St. Vith, umgeben von den Gemeinden Amel, Büllingen, Burg-Reuland und Bütgenbach. Der Name der Stadt geht auf den heiligen Vitus zurück. Als einer der vierzehn Nothelfer war er in der mittelalterlichen Eifel ein beliebter Heiliger, und noch heute zieht die Vitus-Oktav im Juni Pilger an - 2009 bereits zum 56. Mal.

Gegründet wurde die Stadt, deren Geschichte offiziell 863 beginnt, am Schnittpunkt der Römerstraße Reims-Köln und der Straße zwischen den Klöstern Prüm und Stablo-Malmedy. 1157 wurde *sanctum Vitum in foro* (St. Vitus im Markt) als Grenzort des Jagdreviers des Erzbischofs von Köln erwähnt. Dass St. Vith heute ein einheitlich modernes Ortsbild aufweist, ist eine Folge politischer Katastrophen des 20. Jahrhunderts: Weihnachten 1944 versank die Stadt bei Luftangriffen der alliierten Streitkräfte in Schutt und Asche.

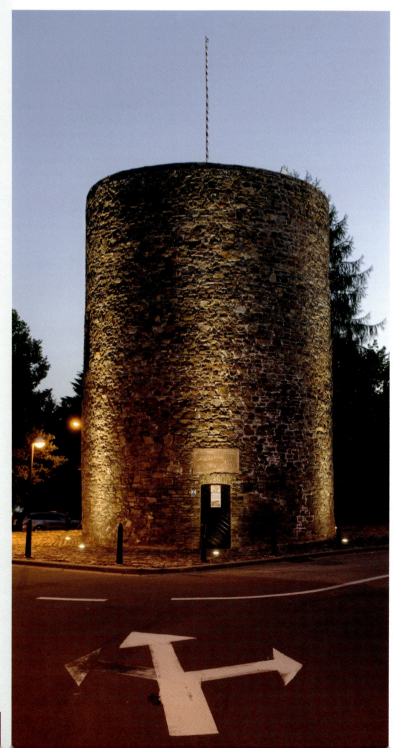

Der Wiederaufbau lässt das Vergangene jedoch nicht vergessen: Bei einem Rundgang erkennt man auf Schautafeln mit alten Fotos, wie St. Vith früher aussah. Außerdem werden regelmäßig Streifzüge durch die Geschichte St. Viths veranstaltet. Aus den Ruinen ist eine blühende Stadt gewachsen, die ihre Tradition als Marktort bewahrt.

Zum Shopping laden nicht nur Hauptstraße und Malmedyer Straße. Nach der Sanierung des Stadtkerns macht ein Bummel durch das lebendige Zentrum Spaß – inklusive Einkehr oder genüsslicher Pause auf einer verlockenden Terrasse. Auch zu sehen gibt's was. Eindrücke, die man kaum vergisst, bietet ein Besuch in der St. Vituskirche mit ihrem markanten spitzen Turm auf einem kompakten Baukörper. Sie wurde von dem Brüsseler Architekten Jean Gilson als Mahnmal gegen den Krieg geplant und 1959 geweiht.

Spannung bezieht das Gotteshaus aus dem Kontrast von alten und modernen Elementen. Im Inneren erinnert die Basilika mit ihren Rundbogenfenstern und ihren durch Rundbögen abgetrennten Seitenschiffen an ein romanisches Kloster. Im Heimatmuseum in der ehemaligen Bahnmeisterei sind noch Kirchenschätze aus der alten Vituskirche zu sehen.

Der Büchelturm wurde im 14. Jahrhundert als Teil der mittelalterlichen Stadtmauer errichtet. Auf ihn geht der Beiname St. Viths, „Büchelstadt", zurück. Er überstand sämtliche Kriege und Stadtbrände. Die kleine, wieder aufgebaute Katharinen-Kirche erinnert daran, dass nach einer Pestepidemie 1369 an ihrer Stelle ein Hospital mit Kapelle geweiht worden war. Der Patronin zu Ehren ist auch der Katharinenmarkt im November benannt.

An der Mühlenbachstraße – schräg gegenüber dem Rathaus - wurde im Zuge der Innenstadtsanierung der alte Stadtbrunnen freigelegt: Um das Jahr 1200 besaß er eine Tiefe von 36 Metern. Gleich nebenan liegt das Tourist Info von St. Vith, wo man erfährt, was angesagt ist im Städtchen. Das ist nicht wenig, denn man feiert gern und auf hohem Niveau. Das Freizeitprogramm Summertime reicht vom rockigen Open Air Konzert über Antiquitäten- und Trödelmärkte bis zu Sportveranstaltungen. Für sein Internationales Theaterfestival ist St. Vith über Belgiens Grenzen hinaus bekannt.

Das Kultur-, Messe- und Konferenz-Zentrum Triangel im lange Zeit brachliegenden Bahnhofsgelände soll Akzente setzen für neue Aktionen und Investitionen. Neben den Verwöhnprogrammen für den Kopf kommt der Bauch nicht zu kurz: Vor allem bei den Wildwochen im Herbst lockt die Gastronomie in und um St. Vith Besucher aus Nah und Fern mit heimischen Genüssen.

Fresken und Flaschen

Wer sich in der Umgebung umschaut, findet in Wiesenbach die vermutlich älteste christliche Kultstätte der Eifel: die Bartholomäus-Kapelle. Sie erhebt sich beschaulich über dem Prümbach inmitten eines kleinen Friedhofs. Die Kapelle besitzt Fresken, die auf die Zeit um 1460 datiert werden. Bedeutender noch als Wiesenbach war in der Vergangenheit Neundorf. „Nova villa" galt als einflussreicher karolingischer Königshof. Sehenswert ist dort auch der imposante Eisenbahnviadukt.

Zünftig geht es im Biermuseum in Rodt zu, das im Winter als Skihütte genutzt wird. Hier stehen 4000 Flaschen aus aller Welt zur Schau – einschließlich aller möglichen Accessoires, die den Biergenuss erhöhen sollen. Der kleine Ort Schönberg ist als ein Marienwallfahrtsort bekannt, in dem in unregelmäßigen Abständen zeitgenössisch inspirierte Passionsspiele stattfinden.

In Hergersberg ist das ganze Jahr über Weihnachten: Zwischen Kitsch und Kunst ist die Dauerausstellung „Krippana" angesiedelt. Organisierten Freizeitspaß genießt man in Grüfflingen. Eines der modernsten Kartingcenter Europas hat sich dort auf 6000 Quadratmetern ausgebreitet.

Wer nicht motorisiert um die Kurven brettern möchte, findet seinen Spaß auf Bowlingbahnen oder bei Laser Games und Digital Shooting. In dick gefütterten Anzügen kann man sich als Sumo-Kämpfer versuchen, während der Nachwuchs im Kinderparadies auf Bobby-Cars schon mal für die Kartbahn übt.

Zum Abschluss der Moor-Route wird unser neu erworbenes Wissen auf die Probe gestellt. Fragen über Tiere und Pflanzen, das Klima und die Entstehung des Torfes hat man kleinen Frage-Schafen aus Holz auf die Bäuche geschrieben: „Warum wurden die Moore im 19. Jahrhundert trocken gelegt? Wie heißt die Pflanze, die in den sauren Mooren wächst und Torf bildet? Warum ist der Zugang zu gewissen Teilen des Venns für Besucher gesperrt?" Keine Sorge: Große weise Schafe im Hintergrund hüten die Antworten und verraten sie gern.

Und was meint der Schäfer dazu? „Wenn Du nicht mehr alles weißt, brauchst Du nur die Rundfahrt zu wiederholen." Das wäre heute allerdings zuviel des Guten. Am späten Nachmittag erreichen wir wieder das Naturparkzentrum Botrange. Außer einem kleinen Muskelkater werden wir viele Eindrücke mit nach Hause nehmen – unvergessliche Erinnerungen an eine Landschaft, deren Zauber sich niemand entziehen kann. ◀◀

Links: Der Büchelturm blieb als wuchtiger Zeuge der Vergangenheit erhalten.

Unten: Modernes Flair hat St. Vith entwickelt. Die Metropole der Eifel macht mit Kultur- und Messe-Events auf sich aufmerksam.

Wie ein Firmament überspannt eine ultramarinblaue Decke den Kirchenraum von St. Vitus. Die weiße Zeichnung symbolisiert die Allmacht Gottes.

Im Hohen Venn

Würde nicht der Wind durchs Pfeifengras fegen, die Stille wäre noch beängstigender. Der Knabe im Moor sucht einen Fluchtweg, Erlkönig reitet durch die stürmische Nacht, Hänsel und Gretel finden nicht mehr nach Hause. Wohin man tritt: unsicherer Boden, glucksende Sümpfe. Die Tümpel leuchten wir irre Augen aus der Glockenheide; fällt ein wenig Licht auf die braune Fläche, dann grinsen sie ein unheimliches Lächeln. Es lockt hinab ins Bodenlose. Hinter dem Hügel ragen Felsbrocken aus dem Torf, Reste tektonischer Einschläge, von Moosflechten umschlungen, Wegweiser in die Nacht der Zeiten. Darüber tiefe Himmel. Kommen die Wolken regenschwer, berühren sie fast die Baumkronen. Doch sie haben es gelernt, sich zu beugen. Wären nicht ihre knorrigen Stämme und zähen Wurzeln, der krachende Wind hätte sie längst zerschmettert, durch die raue Weite gefegt. Rötliche Wasserläufe sickern ölig aus verzweigten Quellen, verschwinden wieder, sammeln sich in dunklen Gräben, die sie in die Vennbäche leiten.

Der Herbst ist die beste Jahreszeit. Der Altweibersommer reißt noch einmal den Himmel auf. Flirrendes Licht, verwegen und täuschend. Die Sonne kann noch heftig sein, kein Zweig bietet Schutz und die schlichte Wahrheit jedes Halmes wird offenbar. Millionenfache Hingabe letzter Blumen, Blätter und Pflanzen an die Zeit der Trennungen. Mehr als je zuvor wird der Mensch von dieser Weite aufgesaugt, auf ein bedenkliches Minimum reduziert. Nur noch Glanz und letzter Sommerwind, mythische Liebesspiele im Aufbäumen der Landschaft. Zur Nacht röhren die Hirsche, rumorende Unruhe in den Rotwildrudeln unter dem vollen Mond.

Ockerfarben, rötlich leuchtet das Gras in den Dämmerungen, es steht hoch wie Savanne. Die engen Pfade, die sich in die Flusstäler schlängeln, sind federleicht, sie geben nach, unwillkürlich sputet man sich beim Wandern. In Richtung Eupen ziehen sie weit dahin. Von Trôs Marets aus führen sie hinab zur Warche. Hinter Busch und Baum verläuft die Sprachengrenze, uralte Bezirke zwischen den Wäldern der Herzöge von Limburg und dem Land der ehrwürdigen Äbte von Stablo-Malmedy. Mönche passen in diese Einsamkeit. Oben, bei Kloster Reichenstein, eine Einsiedelei hinter den Schneehecken. In Küchelscheid gibt es das „Grüne Kloster". Auf Baraque Michel, Reinartzhof und in Bernister überwinterten Eremiten. Bei schlimmem Wetter haben ihre Glocken verirrten Wanderer und Pilgern den Weg gewiesen. Da gibt es dramatische Geschichten. „O schaurig ist's übers Moor zu gehn."

Kreuze und Statuen stehen geduckt zwischen den wilden Kirschen und dem Ginster: Die Dramaturgie der Landschaft hebt sie aus der Leere. Allein schon die Namen – Meiers Kreuz, Bilfinger-Kreuz, Zimmermanns Kreuz, das Kreuz der Verlobten. Starke Macht geht davon aus, Tribut, der hier zu zahlen ist. Tatorte für Mord und Totschlag. Flieger stürzten im Venn in den Tod. Verirrte kamen nicht mehr zurück. Im Nebel, unterhalb von Belle-Croix, verunglückte der Musiker Hubert Schoonbroodt. Sein letzter Blick: die Kreuzigung, kein concerto grosso mehr.

Landvermesser, Forstbeamte und Forscher aller Fachrichtungen haben sich bemüht, die Geheimnisse des Hohen Venns auf empirische Größen zu reduzieren. Sie haben viel Lehrgeld zahlen müssen, doch konnte der Monokultur der von den Preußen gepflanzten Fichten zu Leibe gerückt werden, das Moor wurde größer, Reservate entstanden, Wanderer und Langläufer werden heute über ausgeschilderte Wege und Loipen geleitet. Noch erfolgreicher waren die Naturfreunde aus dem Kreis der Botanikerin Marie-Anne Libert, die Arnika, Heidekraut, Farne und Moose vor dem Zugriff der Touristen gerettet haben. Oder die Schriftsteller und Künstler, die in den Bann dieser Wildnis gerieten. Der am Mittelmeer beheimatete Dichter Guillaume Apollinaire witterte zwischen den gekrümmten Bäumen im Hochmoor „den Norden, den Norden". Der Maler Raoul Ubac, der in seiner preußischen Heimatstadt Malmedy Rolf Ubach hieß, entdeckte oben im Venn erste Einblicke in die „Heiligkeit der Leere". Die Erzählerin Clara Viebig faszinierte das mondäne Berlin mit ihrem Roman „Kreuz im Venn" und machte die Eifel erstmals zu einer literarischen Landschaft. Die aus Ton gebrannte Madonna von Maria Hasemeier wacht über die tückische Schönheit der verschwundenen Siedlung am Reinart.

Kommt man hinauf, ist alles wie immer. Jenseits der Herbergen und Touristenpfade herrschen Weite und Wind. Es gilt das Gesetz der Wildnis – sie ist rau und sensibel, leicht störbar, doch im Gegenschlag von brutaler Gewalt. Wo Stille herrscht, wird vom Menschen Schweigen verlangt, wo Tiefe, Tiefgang. Hier ist noch einer der wenigen existenziellen Räume, in denen die Einsamkeit des Lebens zu spüren ist. Große Landschaft für den kleinen Menschen.

Freddy Derwahl

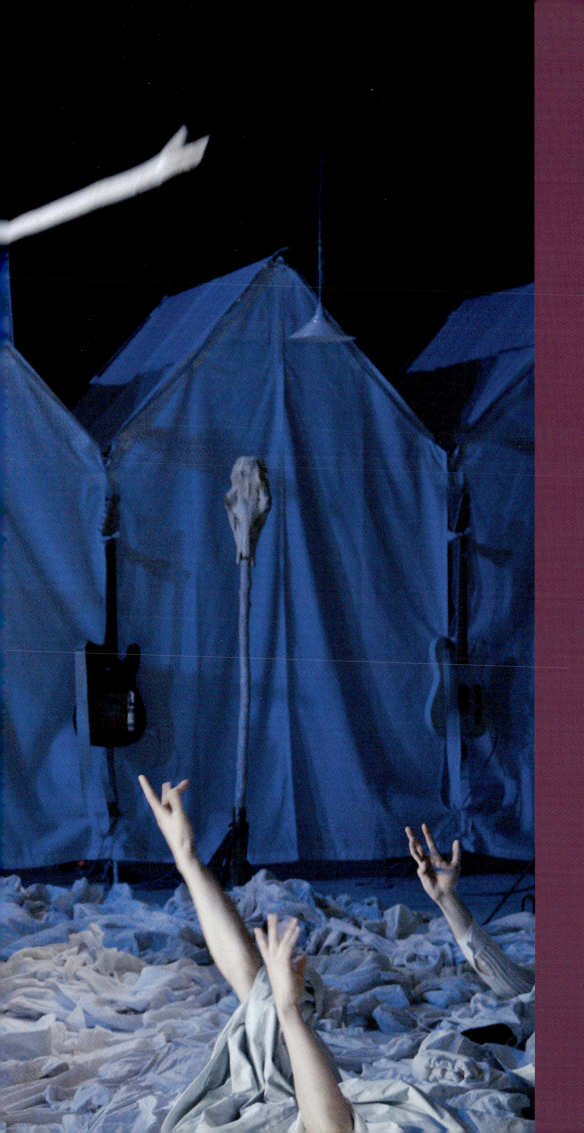

KULTUR CULTURE

Wenn **Kreuzritter** einem **blauen Hirsch** begegnen

Guido Thomé

„Da steht ein Hirsch auf'm Hof!" Was der kleine Junge, der vergeblich seine Arme durch das gusseiserne Gitter vor dem Regierungsgebäude der Deutschsprachigen Gemeinschaft Belgiens streckt, seinen Eltern zuruft, ist keine Abwandlung eines Gassenhauers. Denn im Innenhof des Eupener Regierungssitzes steht tatsächlich ein Hirsch. Noch dazu ein blauer – und seit ein paar Tagen leistet ihm eine bunte Kuh Gesellschaft, mit der die Milchbauern der Region auf ihren Kampf für faire Preise aufmerksam machen.

Wir schreiben das Jahr 2007. Zum ersten Mal ist der Titel „Europäische Kulturhauptstadt" nicht einer oder mehreren Städten, sondern gleich einer ganzen Region verliehen worden, und auch die Deutschsprachige Gemeinschaft Belgiens (DG) – als Teil der europäischen Großregion Luxemburg, Lothringen, Saarland, Rheinland-Pfalz und Wallonien – darf sich mit dieser Auszeichnung schmücken. Das Kulturhauptstadt-Wahrzeichen ist der blaue Hirsch. Ein Symbol von kaum zu übertreffendem Wiedererkennungswert.

Es war nicht das erste Mal, dass die DG europaweit für Aufsehen sorgte. 2004 war sie gemeinsam mit Madeira „Europäische Region des Jahres"; eine Initiative, deren Ziel es ist, Regionen in Europa als Standorte bekannter zu machen. Aber vor allem die Europäische Kulturhauptstadt 2007 rief nicht nur den Nachbarn der DG, sondern auch den Einheimischen ins Gedächtnis, dass die Kultur – und vor allem die Sprache – die Grundlage für die Autonomie der rund 74 000 Einwohner der Deutschsprachigen Gemeinschaft im belgischen Staatsgefüge ist. Beide Auszeichnungen wurden gebührend, aber auch mit großer Bescheidenheit gefeiert. Einer Bescheidenheit, für die es eigentlich keinen Grund gibt. Denn ungeahnt kreativ und überraschend vielfältig sind die Veranstaltungen, die in Ostbelgien stattfinden.

Egal ob es sich um das Internationale TheaterFest in St. Vith oder das OstbelgienFestival für klassische Musik handelt, den Eupen Musik Marathon oder das Straßentheaterfestival HAASte Töne, eine Veranstaltung des bereits 1957 gegründeten Volksbildungswerkes St. Vith oder eine des Kulturellen Komitees der Stadt Eupen– beide leisteten jahrelang wertvolle Pionierarbeit auf kultureller Ebene und tragen auch heute mit einem vielseitigen Angebot wesentlich zu einer bunt schillernden Kulturszene bei –, beinahe jeder Künstler, der hier auftritt, begegnet einem derart dankbaren, begeisterten und gleichzeitig fachkundigen Publikum, dass der Eindruck entstehen könnte, die Einwohner der DG hätten jahrelang auf diesen einen Auftritt gewartet.

Und die Szene verspricht in Zukunft noch bunter zu werden: Das Kultur-, Konferenz- und Messezentrum Triangel in St. Vith wird ab 2009 zum kulturellen Kristallisationspunkt des weiteren Umlands. Die multifunktionellen Säle, ausgerüstet mit modernster Technik, stehen unter anderem den Veranstaltungen des Volksbildungswerks und den Konzerten des Ostbelgien-Festivals zur Verfügung und bieten endlich auch dem Agora-Theater ein Dach über dem Kopf.

In Eupen wird man in Kürze nachziehen. Der Alte Schlachthof soll der Mittelpunkt eines Kulturzentrums werden, das sich de facto über mehrere Häuser in der Weserstadt verteilt – eine Nische, aus der heraus man erfolgreich mit den Nachbarstädten Lüttich, Aachen oder Maastricht konkurrieren will.

Diese Entwicklung wäre kaum denkbar gewesen, gäbe es nicht schon seit Jahrzehnten eine Volkskultur, die mit zahllosen Vereinen, die von einem ehrenamtlichen Einsatz großer Teile der Bevölkerung getragen werden, den Boden für das bestellt hat, was jetzt prächtige Blüten treibt. ▶

Ein blauer Hirsch war das Wahrzeichen der „Europäischen Kulturhauptstadt 2007 – Luxemburg und die Großregion", zu der neben Lothringen, dem Saarland und Rheinland-Pfalz auch Wallonien und die Deutschsprachige Gemeinschaft Belgiens gehören.

Nach der Lesung ist Zeit für Gespräche: Dietmar Sous (links) mit Tochter Nina und Krautgarten-Herausgeber Bruno Kartheuser.

Allerdings haben einige Kunstsparten sich schwerer getan als andere, von der ostbelgischen Bevölkerung anerkannt zu werden. Francis Feidler, der künstlerische Leiter des „Internationalen Kunstzentrums Ostbelgien – Museum für zeitgenössische Kunst Eupen", kurz IKOB genannt, kann davon ebenso ein Lied singen wie Bruno Kartheuser, der seit nunmehr 27 Jahren alljährlich mit einem kleinen Team zwei Ausgaben der Literaturzeitschrift „Krautgarten" herausgibt. Kartheuser, selbst Autor, Übersetzer und Geschichtsforscher, wird nicht müde, ostbelgischen Schriftstellern ein Forum zu bieten, auf dem sie sich oft unversehens neben europa- und weltweit anerkannten literarischen Größen wiederfinden.

So begegnete im Jahr 1993 in der 23. Ausgabe des „Krautgartens" der Elektroniker und Lyriker Leo Gillessen aus Heuem bei St. Vith dem späteren deutschen Nobelpreisträger Günter Grass. Hans Joachim Schädlich, Ernst Jandl, Arthur West, Jacques Izoard oder Hugo Claus fehlen ebenso wenig in der Anthologie „Völkerfrei", die 2007 zum silbernen Jubiläum der Zeitschrift erschien, wie ostbelgische Schriftsteller. Wie zum Beispiel Freddy Derwahl, Robert Schaus oder Ingo Jacobs, der Anfang der 90er Jahre gemeinsam mit dem heute in Berlin lebenden, mehrfach ausgezeichneten Lyriker Norbert Hummelt einen Gedichtband veröffentlichte.

Auch Dietmar Sous gehört zu den Autoren, die regelmäßig im „Krautgarten" veröffentlichen. Er ist sicher der erfolgreichste in Ostbelgien lebende deutschsprachige Schriftsteller – wenn man den auflagenstarken Hanswilhelm Haefs einmal außen vor lässt, den ehemaligen Herausgeber des Fischer Weltalmanachs, Übersetzer des Romans „Lemprière's Wörterbuch" von Lawrence Norfolk und Autor der „Handbücher des nutzlosen Wissens", der sich mitsamt seiner 30 000 Titel umfassenden Bibliothek in der ehemaligen Dorfschule von Atzerath bei St. Vith niedergelassen hat.

Sous, für den die Berliner Tageszeitung TAZ im August 2004 den Titel des „rheinischen Nick Hornby" einforderte und der sich 2008 mit seiner jüngsten Veröffentlichung „Weekend" noch lange nicht in den literarischen Vorruhestand verabschiedet hat, stammt aus Stolberg bei Aachen und zog 1983 nach Belgien.

Aus dieser Zeit stammt auch Sous' Text, der in die Anthologie „Mit leichtem Gepäck" (Edition Krautgarten, 2007) aufgenommen wurde, die einen Überblick über die ostbelgische Gegenwartsliteratur gibt: „Belgier sprechen schlecht Deutsch, das gilt auch für die deutschsprachigen Belgier in Eupen und St. Vith. Auch Flamen und Wallonen verstehen sich nicht gut. Belgier sind gegen Naturschutz, sie fangen Singvögel ein und essen sie auf, dazu trinken sie schwarzen Kaffee mit viel Zucker. Belgier sind nachtragend: Wenn sie schlechte Laune haben, sprechen sie uns Deutsche auf damals an, der Krieg und so. Deshalb bleibt man als Deutscher in Belgien am besten unter seinesgleichen. Die Belgier haben ganz gute Radrennfahrer und Fußballer, aber keinen Beethoven, Beckenbauer oder Goethe. Belgische Filme kennt kein Mensch, von Nobelpreisträgern ganz zu schweigen. Hier möchte ich für immer bleiben."

Sous lebt Anfang 2009 immer noch nahe der deutschen Grenze. Aber Singvögel stehen nicht mehr auf belgischen Speisekarten und die Brüder Dardenne haben dem belgischen Film zu neuem Ansehen auf internationalem Parkett verholfen, ebenso wie der aus der Nähe von Kelmis stammende Bouli Lanners, den man als Schauspieler neben Gérard Dépardieu in Asterix-Filmen sehen konnte und der 2008 als Regisseur mit seinem zweiten Spielfilm „Eldorado" bei der „Quinzaine des Réalisateurs" in Cannes gleich drei Preise abräumte.

Vom belgischen Filmauswahlausschuss wurde „Eldorado" in das Rennen um die Nominierung als bester nicht-englischsprachiger Film bei der Oscar-Verleihung 2009 geschickt. Nur das mit der deutschen Sprache ist heute noch fast so wie damals, als Sous seine Liebeserklärung an Belgien schrieb. Jean Paul nannte Deutsch einst die „Orgel unter den Sprachen". Einige Pfeifen der ostbelgischen Orgel fallen auch heute noch durch schräge Töne auf. Vielleicht traut man deshalb der einheimischen Produktion nicht so recht und bleibt dem „Krautgarten" vor seiner Haustüre die verdiente Anerkennung weitgehend verwehrt.

Robert Schaus, der auch als bildender Künstler arbeitet, hält die Suche nach einem größeren Verlag für seine Lyrik inzwischen für vergeudete Energie. Seine deutschsprachigen Bücher erscheinen vornehmlich in der Edition Krautgarten. In „Liliputaner der Liebe" (2004) schreibt Schaus: „Ich kämpfe aus einem Schweizer Käseloch heraus um die geistige Freiheit der unterernährten Völker."

Von allen ostbelgischen Autoren wird Freddy Derwahl die größte Aufmerksamkeit im deutschen Sprachraum zuteil – bezeichnenderweise weniger mit Romanen wie „Der Mittagsdämon" (1987) oder „Bosch in Belgien" (2006), in dem der Schriftsteller und langjährige Journalist die Entstehung der Deutschsprachigen Gemeinschaft literarisch verarbeitete, sondern mit Sachbüchern wie „Eremiten – Die Abenteurer der Einsamkeit" (2000), nach dem ARTE eine Fernsehreportage drehte, der Doppelbiografie über Joseph Ratzinger und Hans Küng, die unter dem Titel „Der mit dem Fahrrad und der mit dem Alfa kam" 2006 bei Pattloch erschien, oder seiner im gleichen Jahr bei Droemer/Knaur veröffentlichten Biografie über Johannes XXIII.

Literatur ist in Ostbelgien lange kein öffentliches Thema gewesen, Autorenlesungen haben keine Tradition. Der Versuch der Politik, der Literatur mehr Sichtbarkeit zu verleihen, indem man Lesungen bekannter Autoren aus dem Ausland fördert, soll langfristig auch der lokalen Szene zugute kommen. Dabei setzt man auf ein jugendliches Publikum: Die Deutsche Birgit Vanderbeke und der Niederländer Arnon Grünberg sind nur zwei der Autoren, die im Rahmen des jährlich vergebenen Euregio-Schüler-Literaturpreises zu Gast waren.

2008 zeichneten die Schüler aus der Euregio Maas-Rhein den österreichischen Schauspieler, Regisseur und Schriftsteller Michael Wallner in Eupen mit dem Preis aus, den ein Jahr zuvor der Franzose Philippe Claudel für seinen Roman „Monsieur Linh und die Gabe der Hoffnung" erhalten hatte, 2009 gingen wieder sechs Autoren in das Rennen um die Gunst der Schüler: Juli Zeh, Blandine Le Callet, Fatou Diome, Otto de Kat, Tommy Wieringa und Sasa Stanisic.

Hanswilhelm Haefs, Übersetzer des Romans „Lemprière's Wörterbuch" von Lawrence Norfolk und Autor der „Handbücher des nutzlosen Wissens", der sich mitsamt seiner 30 000 Titel umfassenden Bibliothek in der ehemaligen Dorfschule von Atzerath bei St. Vith niedergelassen hat.

Francis Feidler, Gründer und künstlerischer Leiter des Internationalen Kunstzentrums Ostbelgien, kurz IKOB

Arnon Grünberg war offensichtlich derart angetan von Land und Leuten, dass er im September 2008 seinen neuesten Roman „Onze Oom" (Unser Onkel) nicht in Amsterdam vorstellte, sondern die niederländische Presse kurzerhand an die Eupener Wesertalsperre einlud.

„Wieder Worte" heißt eine neue Veranstaltungsreihe des Kulturellen Komitees der Stadt Eupen. Bei Wiglaf Droste konnte man ein fast volles Haus verkünden. Als José F. Oliver las, war das Publikum dünner gesät, aber nicht minder begeistert. Und im Herbst 2008 war der Satiriker Max Goldt zu Gast. Fast zeitgleich lud der lokale Kulturveranstalter Chudoscnik Sunergia zum „Lesen hinterm Tresen" in dreizehn Eupener Geschäfte ein und präsentierte haarige Geschichten beim Frisör, Makabres beim Metzger und knisternde Erotik im Elektrofachhandel. Und in der teilnehmenden Buchhandlung las Sylvie Schenk aus ihrem Roman „Die Tochter des Buchhändlers". Das Publikum nahm die Einladung ebenso dankbar an wie einige Jahre zuvor, als ein großes Eupener Möbelhaus Schauplatz der „Möbelpoliteratour" war und nicht nur in der Bettenabteilung literarische Genüsse in Form von Lesungen geboten wurden.

Jan Hoet lässt grüßen

„Künstlerinnen wie Nora Mertes machen mir Hoffnung – Hoffnung, dass wir nicht ausbluten, dass uns der Nachwuchs nicht ausgeht. Dass Nora Mertes, die an der Alanus Kunsthochschule in Bonn studiert, schon jetzt, 2008, für den Ostbelgischen IKOB-Kunstpreis nominiert wird, zeigt deutlich, wie wichtig ein Studium an einer Kunstakademie, wie wichtig der ständige Kontakt zur Kunst für die Entwicklung eines Künstlers ist. Wie wichtig das IKOB sozusagen als Akademie-Ersatz für die Entfaltung der regionalen Kunstszene ist, kann man zum Beispiel an der Entwicklung eines Romain van Wissen ablesen. Oder an Ralph Cüpper." Francis Feidler, dem Gründer und künstlerischen Leiter des Internationalen Kunstzentrums Ostbelgien, ist die Genugtuung deutlich anzumerken.

Gewonnen hat den Preis 2008 der Eupener Künstler Ralph Cüpper, als dritter Ostbelgier nach Willi Filz und Romain van Wissen. Cüpper macht seinem Publikum keine Geschenke. Viele seiner Arbeiten erschließen sich ohne Erklärung nur schwer.

Der Künstler, dem jede Verbindung von Kunst und Kommerz zuwider ist, geht seinen Weg konsequent. Er fordert für sich das Recht ein, Erklärungen zu verweigern, hat aber Verständnis für die Reaktion derer, die seine Kunst nicht als solche identifizieren und sie kurzerhand entsorgen – ein Schicksal, das der ehemalige Forstarbeiter unter anderem mit Joseph Beuys teilt. Seine teils minimalistischen Montagen „stellen in ihrer offensichtlichen Bedeutungslosigkeit den Wert und den Sinn der Kunst selbst in Frage", meint Cüpper. Der Künstler begnügt sich mit der Möglichkeit zum Ausdruck seiner Gedanken und freut sich über die Gewissheit, dass ihm die Verleihung des Ostbelgischen Kunstpreises neue Türen öffnet. Illusionen über die Verkäuflichkeit seiner Werke macht er sich allerdings nicht. Andere Künstler sind auf dem Markt ungleich erfolgreicher.

Zu diesen gehört der 1928 in Peru geborene und in Hauset lebende Antonio Máro, den Willi Baumeister auf seinen Weg als Künstler brachte und der auf den Biennalen von Venedig, São Paulo oder Havanna ausstellte. Máro, der mit seiner Kunst zwischen den Kulturkreisen Südamerikas und Europas wandert, sagt über sein eigenes Werk: „Meine ‚Contraplanos' sind momentane Ruhepunkte eines kontinuierlichen Erneuerungsprozesses, ich setze Schicht über Schicht, bis ich die Jetztzeit eingefangen habe - den Augenblick also, den ich in dieser bestimmten Sekunde als identisch mit meinem eigenen, momentanen Zustand empfinde. Das ist immer auch gleichzeitig der Augenblick, in dem ich spüre, dass das Bild keine weitere Handlung von mir fordert".

Mit einer unerwarteten Herausforderung sieht sich gegenwärtig der 1950 in Eupen geborene und in Flandern sesshaft gewordene Christian Silvain konfrontiert, der den Surrealisten Paul Delvaux zu seinen Freunden zählte. Ein chinesischer Künstler macht dem Ruf seiner Nation als Kopierweltmeister alle Ehre und erzielt bei Auktionen in renommierten Häusern stattliche Preise mit Werken, wie sie Silvain Ende der 1980er, Anfang der 1990er Jahre gemalt haben könnte.

Gegen diese Plagiate wehrt sich auch die Christian-Silvain-Stiftung, die sich glücklich schätzt, endlich eine dauerhafte Bleibe in Eupen gefunden zu haben – nicht nur, um Silvains Arbeiten noch bekannter zu machen, sondern auch zeigen zu können. ▶

S. 84/85: Alice Loo, treibende Kraft des beiderseits der Grenze aktiven Kunstvereins KuKuK, Kunst und Kultur auf Köpfchen im ehemaligen Grenzhäuschen am Grenzübergang Köpfchen vor einer Installation von Michel Barzin im Rahmen der Kunstroute „Zeitenwechsel" im Sommer 2008.

Checkpoint Köpfchen

Eigentlich wäre der alte Grenzposten am ehemaligen Grenzübergang Köpfchen zwischen Eupen und Aachen schon lange verschwunden. Eigentlich ... Hätte nicht im Januar 2000 im Rahmen einer Aachener Diplomarbeit mit dem Titel „Neue Erscheinungsbilder eines ehemaligen Personenkontrollkiosks - oder ein frisch frisiertes Köpfchen" eine künstlerisch-gestalterische Auseinandersetzung mit dem Ort und seiner Architektur stattgefunden und wäre nicht aus dieser künstlerischen Arbeit der Verein „Kunst und Kultur im Köpfchen", kurz KuKuK, hervorgegangen, der aus dem alten Grenzübergang einen Schauplatz experimenteller künstlerischer Inszenierung gemacht hat.

Für KuKuK-Gründerin Alice Loo ist die Grenze ein idealer Standort, um Kunst, Kultur, Geschichte und Tourismus miteinander zu verbinden. Und das gelingt: Als Ende Oktober 2008 die Ausstellung „Zeitenwechsel" zu Ende ging, hatten fast 20 000 Besucher die Chance genutzt, die Grenze zwischen Belgien und Deutschland als Kulturraum zu erfahren – ebenso viele wie zwei Jahre zuvor beim Pilotprojekt „Seitenwechsel". Beide Ausstellungen präsentierten sich als Kunstroute, als ein Spaziergang, bei dem sich Kultur, Kulturlandschaft und Grenzgeschichte auf eindrucksvolle Weise begegneten und ergänzten. Begleitend fanden Konzerte, Lesungen – unter anderem las Stefan Brijs aus seinem Roman „Der Engelmacher" –, Naturführungen, Vorträge und historische Grenzspaziergänge statt. Sie führten zum Landgraben mit den so genannten Harfenbuchen und zum Westwall, dessen Höckerlinie sich heute noch durch die Landschaft und manch einen Vorgarten zieht. Sein Verteidigungspotenzial wurde dank erfolgreicher deutscher Propaganda von den Amerikanern im Zweiten Weltkrieg weit überschätzt und der Westwall besitzt heute, so Herbert Ruland, Leiter der Arbeitsabteilung Grenz-Geschichte DG der Autonomen Hochschule in der DG, den „Denkmalwert des Unerfreulichen". Ruland bringt seine Gäste auch zu Relikten der letzten Eiszeit, den Zyklopensteinen, und erzählt von Zeiten, als das Verstecken von Juden auf der Flucht oder der Schmuggel den Alltag vieler Menschen bestimmten.

Früher war Köpfchen ein beliebtes Naherholungsziel. Von diesem Potenzial hat der Ort bis heute nichts eingebüßt und die Neugestaltung des Areals um den Grenzübergang steht unmittelbar bevor. Auch und vor allem dank KuKuK, dem Kulturverein, der sowohl auf belgischer wie auf deutscher Seite offiziell eingetragen ist. So bleibt auf Köpfchen die Geschichte nicht nur lebendig, sie wird durch ein alternatives Kulturprogramm noch bereichert. Das Zollamt wurde am 31. Dezember 1992 geschlossen, das belgische Zollhäuschen wird bleiben.

Die aktuelle ostbelgische Kunstszene ist zweigeteilt. Da sind auf der einen Seite die Einheimischen, von – um nur einige zu nennen – Adolf Christmann, Wilfried Dahmen, Jacques Thannen, André Paquet, Simone Huby und ihrem 2008 verstorbenen Mann Mathieu Schouteden über Irene Kohnen und Gregor Hoffmann bis hin zu Romain van Wissen, René Weling und Tanja Moosblech, die stellvertretend für die nachgerückte Generation genannt werden, oder die Fotografen Johannes Weber und Willi Filz. Dann gibt es die Zugezogenen wie Peter und Johanna Buchholz, Wlodzislaw Sier oder Ulrich Rube, diejenigen, die am Rande Ostbelgiens leben wie Eric Legrain oder Roby Hoffmann, aber sozusagen zu den Einheimischen gezählt werden, und die Verstorbenen wie Maria Hasemeier-Eulenbruch und Walter Ophey, einer der bedeutendsten Vertreter des Rheinischen Expressionismus, oder den auch heute noch geradezu euphorisch gefeierten Landschaftsmaler Alfred Holler. Verstorben sind auch Roger Greisch oder André Blank, der ab 1950 einer der bedeutendsten belgischen Gestalter von Kirchenfenstern war, wovon in Ostbelgien die Pfarrkirchen von Rocherath und Mackenbach und im nahe gelegenen Stavelot das großformatige Fenster im offenen Turm der Abteiruine Zeugnis ablegen.

Auf der anderen Seite gibt es das IKOB, das sich den Beinamen „Museum für zeitgenössische Kunst Eupen" zugelegt hat und dessen künstlerischer Leiter Francis Feidler den aktuellen Strömungen in der Kunst folgt. Feidler versteht sich als Gefolgsmann von Jan Hoet, 1992 künstlerischer Leiter der Documenta IX in Kassel und ehemaliger Direktor der Museen SMAK in Gent und des MARTa, des Museums für zeitgenössische Kunst und Design in Herford. Kein Wunder, dass Jan Hoet nicht selten Gast im IKOB ist und auch Präsident der internationalen Jury war, die 2005 den ersten IKOB-Kunstpreis an die Kölner Künstlerin Stefanie Klingemann vergab.

Wie Hoet wirbt Feidler um Verständnis für moderne Kunst, und wie sein Vorbild scheut er sich nicht, zu diesem Zweck ungewöhnliche Wege zu beschreiten. Das gelang ihm schon in den Anfangsjahren des IKOB höchst wirkungsvoll mit der international beachteten Ausstellung „Volle Scheunen", für die er 1997 zwölf Künstler, darunter Tony Cragg, Marie Jo Lafontaine, Ugo Dossi, Gloria Friedmann, Wolfgang Nestler und Antoine Prum, in zwölf Scheunen in Dörfern der Eifel und der Ardennen zum Thema „Energietransformation" arbeiten und ausstellen ließ – unter Einbeziehung der Landwirte.

Seitdem das IKOB in Eupen eine feste Bleibe gefunden hat, geben sich dort klangvolle Namen die Klinke in die Hand: Ob Jan Fabre oder Luc Tuymans, ob Günther Förg, Hermann Nitsch, Erwin Wurm oder Franz West, ob Johan Tahon, Denmark, Yves Zurstrassen, Jacques Charlier oder junge Künstler der Düsseldorfer Akademie, sie alle stellten bereits im IKOB aus. Damit hat das Team um Francis Feidler ein schwergewichtiges Pendant zur lokalen Kunstszene geschaffen, ein Pendant, das belebend und erfrischend wirkt. Und zwar sowohl auf die Künstler als auch aufs Publikum.

„Werke, die vor der Zeit des IKOB in Ostbelgien nicht zur Kunst gezählt wurden, stoßen heute nicht mehr auf Ablehnung bei der lokalen Bevölkerung", so Feidler. „Deren Verständnis für die Kunst ist offener und zeitgemäßer geworden. Die Künstler der Region gehen ja durchweg einem anderen Broterwerb nach. Das ist zwar nicht von Vorteil, weil sie sich nicht voll und ganz ihrer Kunst widmen können, aber die ständige Konfrontation, die Begegnung mit Künstlern von internationaler Ausstrahlung bringt sie weiter, macht sie offener, spornt sie zur Auseinandersetzung mit den aktuellen Kunstströmungen an. Aus diesem Blickwinkel waren die Ausstellungen von Günther Förg oder die über ‚Österreichische Kunst am oberen Tassenrand' sehr wichtig."

▶

Antonio Máro: „Ich setze Schicht über Schicht, bis ich die Jetztzeit eingefangen habe – den Augenblick also, den ich in dieser bestimmten Sekunde als identisch mit meinem eigenen, momentanen Zustand empfinde."

Zu Gast im IKOB: Die eigene Kunstsammlung ist noch jung, kann aber mit großen Namen wie Jacques Charlier, Joachim Bandau, Günther Förg, Denmark, Lili Dujourie, Johan Tahon, Jan Van Imschoot, Ernst Wille oder Yves Zurstrassen aufwarten.

The ikob collection

Seit der ersten Ausstellung im Jahr 1993, die unter dem Titel „Kontakt 93" in Eupener Parkanlagen Werke von belgischen Künstlern wie Guillaume Bijl, Jacques Charlier, Patrick Corillon oder Bernd Lohaus zeigte, hat das IKOB einen langen Weg zurückgelegt, auf dem nicht nur „Volle Scheunen" lagen, sondern auch der Einzug in eigene Räume im Jahr 1999.

Damit war auch die Zeit gekommen, über eine eigene Sammlung und ein eigenes Museum nachzudenken. 2003 begann IKOB-Chef Francis Feidler mit Künstlern – vornehmlich mit denen, die im IKOB ausstellten oder sich an den Wettbewerben für die Kunstpreise beteiligten – über Schenkungen zu reden.

Feidler rannte mit seinem Anliegen offene Türen ein. Jacques Charlier war der erste, der seiner Bitte nachkam und dem IKOB sein Werk „Die heilige Rita und das Gebet der Verzweifelten" aus der Ausstellung „Kontakt 93" zur Verfügung stellte. Charlier, der zu den Künstlern gehört, mit denen sich Jan Hoet Ende 2008 mit der Ausstellung „Loss of Control" vom Herforder MARTa-Museum verabschiedete, folgten viele weitere: zum Beispiel Joachim Bandau, Günther Förg und Denmark, Lili Dujourie, Johan Tahon, Jan Van Imschoot, Ernst Wille oder Yves Zurstrassen.

So ist eine Sammlung entstanden, die heute weit über dreihundert Objekte zeitgenössischer Künstler aus Belgien, den Niederlanden, Luxemburg und Deutschland umfasst, allesamt Schenkungen. „Die Künstler fühlen sich bei uns gut aufgehoben", sagt Feidler stolz und nicht erst, seitdem Teile der Sammlung erstmals ausgestellt werden konnten – im Frühjahr 2007 unter dem Titel „the ikob collection" im Palast der Schönen Künste (Bozar) in Brüssel. Seitdem ist die Sammlung regelmäßig auf Reisen.

Allein 2008 waren zahlreiche Objekte bei der Ausstellung „Corpus Delicti" im Brüsseler Justizpalast, im Museum Van Bommel Van Dam in Venlo sowie im Museum of Young Art (MOYA) in Wien zu sehen, als sich die Deutschsprachige Gemeinschaft Belgiens in der österreichischen Hauptstadt präsentierte. Francis Feidler betrachtet die Kunstsammlung des IKOB als ersten Schritt auf dem Weg zu einem Museum moderner und zeitgenössischer Kunst in Eupen. Ein Weg, soviel ist gewiss, auf dem Feidler viele weitere Werke für die Kunstsammlung in Empfang nehmen darf. So entstand und entsteht eine Sammlung, die bewusst komplementär zur „Kunstsammlung der Deutschsprachigen Gemeinschaft Belgiens" konzipiert ist, deren Grundstein bereits 1974 gelegt wurde und die durch Ankäufe seitens der Deutschsprachigen Gemeinschaft in erster Linie regionale Künstler mit einem Bezug zum kleinsten belgischen Teilstaat unterstützt.

Eine Ausstellung im IKOB kommt für ostbelgische Künstler einem Ritterschlag gleich. Bislang widerfuhr diese Ehre Antonio Máro anlässlich seines 80. Geburtstags im Jahr 2008 und posthum – mit Retrospektiven – Roger Greisch und André Blank. Doch das IKOB ist nicht nur ein ostbelgisches Kunstzentrum, das sich in Zukunft verstärkt seinem musealen Auftrag zuwenden möchte. Durch seine Lage am Schnittpunkt der romanischen und germanischen Kultur wurde es auch von der Französischen Gemeinschaft Belgiens als Vermittler entdeckt, der ihren Künstlern den Weg – vor allem – ins deutschsprachige Ausland ebnen kann. „Das IKOB ist eine Lebensaufgabe", sagt Feidler. Irgendwann, wenn er sich nicht mehr hauptberuflich um die Geschicke des IKOB kümmert, will er sich wieder stärker seiner Berufung als Künstler widmen. Doch bis dahin wird das IKOB noch mit zahlreichen Ausstellungen sein Publikum in der Euregio Maas-Rhein und darüber hinaus fesseln und manch einem Künstler helfen, auf der Karriereleiter ein paar Sprossen nach oben zu klettern. ▶

Autogramme in Minsk

Die 750 Zuschauer im ausverkauften Nationaltheater in der weißrussischen Hauptstadt Minsk erhoben sich von ihren Plätzen und applaudierten minutenlang. Grund dafür war nicht die Fahrzeugkolonne des russischen Ministerpräsidenten Putin, die fast zeitgleich draußen für einige Minuten den Verkehr zum Stillstand brachte, der Grund war die Leistung der Schauspieler der Agora, des Theaters der Deutschsprachigen Gemeinschaft Belgiens, die 2008 beim 5. Internationalen weißrussischen Figurentheater-Festival in Minsk das Stück „Die Kreuzritter" aufgeführt hatten. Mit diesem Stück hatte die Agora bei einem der wichtigsten Festivals weltweit, dem Theaterfestival Avignon, im Jahr 2006 endgültig den internationalen Durchbruch geschafft.

Mit bislang über einer halben Million Zuschauer in aller Welt ist die Agora der erfolgreichste ostbelgische Kulturexport. Doch auch wenn die Truppe um Regisseur Marcel Cremer seit ihrer Gründung 1980 weniger Zuschauer erreicht hätte, die Auszeichnungen vom Kölner Theaterpreis über den Marburger Kinder- und Jugendtheaterpreis bis hin zu zahlreichen Auszeichnungen beim größten belgischen Kinder- und Jugendtheaterfestival im Ardennenstädtchen Huy und der Aufzeichnung des Stücks „Der kleine rote Prinz" durch das ZDF sind ebenso deutliche Belege für die herausragende Qualität der Agora wie die unzähligen Einladungen nach Deutschland, Luxemburg, Dänemark, Österreich, Frankreich, Ungarn, Brasilien, Litauen, Bosnien-Herzegowina, Kroatien, Polen, in die Niederlande, die Schweiz, die Slowakei, die Tschechische Republik, Italien, Irland oder Spanien.

Der internationale Erfolg ändert nichts daran, dass sich das Agora-Theater auch fast dreißig Jahre nach seiner Gründung seinen ostbelgischen Wurzeln eng verbunden fühlt. Und sich nun, im Frühjahr des Jahres 2009, auf seinen Einzug in das vor der Fertigstellung stehende Kultur-, Konferenz- und Messezentrum Triangel in St. Vith freut. Mit diesem Einzug endet ein Jahrzehnte währendes Provisorium, das aus den Turnhallen diverser örtlicher Schulen bestand, in denen der Agora und dem Internationalen Theaterfest der Deutschsprachigen Gemeinschaft über all die Jahre Unterschlupf gewährt wurde. Eine Situation, mit der man sich abfand, weil man sich mit ihr abfinden musste, und die zu Beginn, als die Schauspieler der Agora noch ebenso Amateure waren wie diejenigen der Theaterbühne Crombach – die Marcel Cremer anfänglich parallel betreute und mit der er alternatives Volkstheater auf die Eifeler Bühne brachte –, unvermeidbar, nach fast dreißig Jahren des Bestehens aber untragbar geworden war.

Das Unverständnis, das Marcel Cremer und den Schauspielern der Agora anfangs auf breiter Front entgegenschlug, ist allmählich einer stillen Akzeptanz gewichen. Die Agora hat sich und dem Theater im Allgemeinen in Ostbelgien ein treues und interessiertes Publikum erobert. Dass man auf diesem Weg Grenzen überschreiten, Gewohnheiten in Frage stellen und Tabus brechen musste, machte den Weg für die Agora nicht einfacher.

Doch wenn in Ostbelgien etwas Eigenständiges entstehen sollte, wenn die Forderung nach politischer Autonomie keine Selbstbeweihräucherung sein sollte, „musste auch dem Fremden die Türen geöffnet werden, damit sich am Ende ein eigener Charakter, ein eigenes Verständnis auch der Vergangenheit dieses Landstriches in Belgien, in Europa entwickeln kann. Allein mit dörflicher Idylle ist das nicht zu machen", sagt Marcel Cremer. Zufrieden stellt er fest, dass die ostbelgischen Wurzeln wesentlich dazu beitragen, dass das Theater international so erfolgreich ist. „Wir sind keine Exoten", sagt Cremer. „Wir sind zwar offen für das Fremde, aber absolut bodenständig. Wir haben uns auf einem ausgedienten Fußballplatz gegründet und ich zeige auch heute noch gerne den internationalen Beobachtern des TheaterFestes die ostbelgischen Wiesen, Wälder, die Hallen, die unsere Proberäume sind. Viele Leute, die unsere Stücke sehen, haben mir gesagt, dass man spürt, dass die Agora immer auch ein Stück Heimat transportiert. Weil bei der Arbeit an den Stücken und mit den Schauspielern eine eigene Methode entstanden ist, das autobiografische Theater, sind wir international so erfolgreich. Uns zeichnet eine eigene Handschrift aus, wir sind genauso eigentümlich wie Ostbelgien."

Daraus, dass die ostbelgischen Schauspieler ursprünglich Amateure waren, entstand das „autobiografische Theater". „Ich musste die Stärken der nicht ausgebildeten Schauspieler aufspüren und weiterentwickeln, ihr autobiografisches Potenzial entdecken, das wir als Ankerpunkt brauchen, denn sie müssen auf der Bühne mit Schauspielern auftreten, die eine Schauspielschule absolviert haben. Und man darf sie nicht von diesen Profis unterscheiden können. Das, was zu Beginn nur logisch war, habe ich zu einer Methode entwickelt, mit der ich heute auch die Stärken der professionellen Schauspieler erforsche und optimal einsetze. So gelangen private Anliegen in die Theaterstücke. Bei der Agora werden keine Worte zitiert, wird kein Regieauftrag erfüllt. Der Schauspieler wird zum Autor seiner Figur."

Cremer selbst, der sich am Lütticher Universitätstheater unter Robert Germay seine ersten Sporen auf der Bühne verdiente, schöpft seine Kraft inzwischen auch aus der Distanz, „aus dem Ort, an dem man ist, und aus dem Ort, an dem man nicht ist. Mit ein wenig Abstand kann die Kraft, die man aus einer Sache zieht, größer sein", hat der Regisseur festgestellt, der aus der Agora nie eine Theaterfirma machen wollte. „In jedem Spieler, in jedem Menschen stecken tausende Geschichten, aus denen man tausende Theaterstücke machen kann. Alle Geschichten der Menschheit, alle Figuren der Weltliteratur – Hamlet, Faust, Mephisto, Iphigenie, Mutter Courage, die Jungfrau von Orléans – stecken in jedem einzelnen Menschen. Ich muss versuchen, diese Figuren in mir zu entdecken. Darauf baut die Methode des autobiografischen Theaters auf. Die Findung der Figur ist Teil eins, ihre Kommunikation mit dem Zuschauer ist Teil zwei des Prozesses ... Es geht also darum, dass ich Brücken und Stege in mein Inneres baue, in meine Vergangenheit. Dann muss es mir gelingen, über diese Stege und Brücken die Geschichten in das Jetzt, ins Tageslicht und dann in das Scheinwerferlicht zu transportieren", schreibt Marcel Cremer in seinem Buch „Der unsichtbare Zuschauer". ▶

Szene aus „Der gute Hirte", einer Produktion der Agora.

Proben zu „Das Pferd aus Blau": Im Hintergrund Regisseur Marcel Cremer.

Die Flucht ist der Weg

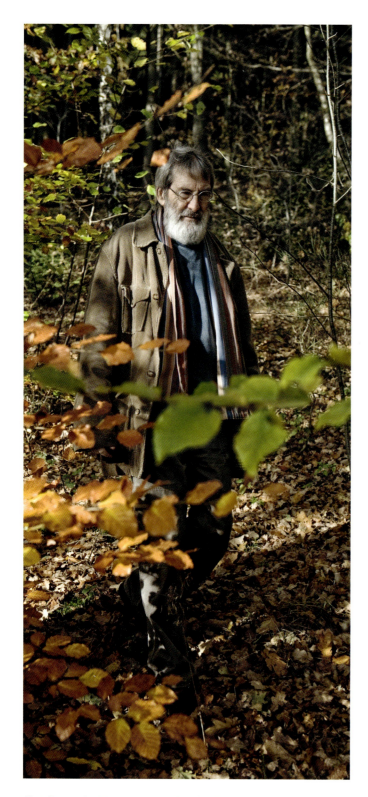

Pierre Doome: durch Kunst zur eigenen Sprache gefunden.

Das Agora-Stück „Irgendwo" war für Pierre Doome Auslöser, sich mit einem Thema zu beschäftigen, das ihn seit seiner Kindheit begleitet. Im Zweiten Weltkrieg hatte der kleine Junge zusammen mit seinen Eltern den deutschsprachigen Teil Belgiens, seine Heimat, verlassen müssen. „Der Krieg hat mir meine Muttersprache geraubt." Noch heute verdunkelt sich bei dieser Erinnerung Pierre Doomes Gesicht, das väterliche Güte ausstrahlt. Der Verlust der Muttersprache war Auslöser dafür, dass Doome sich früh der Kunst zuwandte und damit zu einer eigenen Sprache fand. Seine Geschichte, seine persönliche Vergangenheit wurden in den neun Monaten, in denen Doome die Schauspieler der Agora bei den Proben zu „Irgendwo" begleitete, wieder in das Bewusstsein des Künstlers gespült und zum zentralen Thema einer seiner wichtigsten Arbeiten, der Ausstellung „Flucht", die unter anderem im Alten Schlachthof in Eupen gezeigt wurde. „Die Flucht ist der Weg", so könnte man Doomes jüngere Schaffensperiode überschreiben.

Wenn eine Flucht im Schlachthof endet, ist das an und für sich tragisch. Doch die kalten Räume des Alten Schlachthofes in Eupen bildeten als stumme Ruine eine eindringliche Kulisse für die Arbeit eines Künstlers, der sich fast täglich aufmacht, um in den Wäldern in unmittelbarer Umgebung seines Wohnhauses nicht nur innere Einkehr, Ruhe und Erholung von den Menschen, sondern auch Material für seine Kunstwerke zu suchen, in denen der Betrachter alles finden kann, nur keinen Kunststoff, „kein Plastik", wie Pierre Doome sagt, der zahlreiche Bühnenbilder für das Agora-Theater schuf.

In seinem Atelier hat Doome ein komplettes Regal vornehmlich Tierschädeln gewidmet. Es steht wie eine eckige Säule zentral im Raum. „Das hier ist ein Dachsschädel. Man erkennt es am Gebiss, hat der Förster mir erklärt." Pierre Doome lächelt verschmitzt; viele Schädel vor allem von kleinen Nagern und Vögeln, rostige Nägel, Stofffetzen und andere Fundstücke hat der öffentlichkeitsscheue Künstler in seiner „Flucht" verarbeitet und vor der Vergänglichkeit gerettet. So entstehen Arbeiten von morbider Filigranität und behutsamer Fatalität. Die „Flucht" ist aber nicht nur die Lebensgeschichte des Künstlers, der sich ausgangs des ersten Jahrzehnts des 21. Jahrhunderts neben der Land Art auch wieder der Landschaftsmalerei zuwendet. Die „Flucht" erzählt von Einzelschicksalen ebenso wie von den boat people. Und das zentrale Motiv der Feder verleiht der Ausstellung eine Leichtigkeit, die auch von den massiven Reisekoffern, die Doome wie die Wanderstäbe aus „Irgendwo" übernommen hat, nicht erdrückt wird, weil immer ein Funken Hoffnung präsent ist.

Dass die Agora heute nicht nur in Minsk, sondern auch in Ostbelgien volle Säle zu Begeisterungsstürmen hinreißt, beweist, dass sie inzwischen zu Hause angekommen ist. Die unvermeidlichen Provokationen werden heute einfühliger unters Volk gestreut als noch vor zwanzig Jahren, als bei den Aufführungen von „Algunas bestias" (nach einem Gedicht von Pablo Neruda) die – artgerechte – Tötung eines Huhnes auf der Bühne in Köln Tierschützer auf den Plan rief und der Agora eine Verurteilung vor Gericht bescherte. Weniger eindringlich sind sie deshalb nicht.

Ob Taboris „Jubiläum", Shakespeares „Romeo und Julia" oder „Hamlet", ob Brechts „Baal", Büchners „Woyzeck" oder Aitmatows „Weißer Dampfer", sie alle haben als Vorlagen für Inszenierungen der Agora gedient. Aber viele Stücke – und nicht nur die für Kinder und Jugendliche – schreibt Marcel Cremer selbst oder in Zusammenarbeit mit dem Ensemble.

Und die Mehrzahl der Aufführungen findet inzwischen in französischer Sprache statt, weil die wichtigste Bühne für die Agora das Festival von Huy ist. Hier präsentiert die Truppe um Marcel Cremer sich den „Einkäufern", hier erhielt das Theater der Deutschsprachigen Gemeinschaft 2008 für das Stück „Zwei unzertrennliche Feinde" den Preis der Presse und den der Kulturministerin der Französischen Gemeinschaft Belgiens.

Einen besonderen Stellenwert in der Geschichte des Ensembles nimmt mit Sicherheit die Inszenierung „Irgendwo" nach dem „Märchen vom Wünschen" von Arthur West ein, die rund sechzig Mal aufgeführt wurde und jeweils den neuen Ort als Bühne eroberte, indem sie in diese Umgebung hineininszeniert und dadurch weiterentwickelt wurde – so unter anderem in St. Vith, als die Stadt Ende 2004 des 60. Jahrestages ihrer Zerstörung im Zweiten Weltkrieg gedachte. Mit dem Bau des Kulturzentrums Triangel ist ein Traum der Agora Wirklichkeit geworden. Hier wird ab 2010 auch das Internationale TheaterFest der Deutschsprachigen Gemeinschaft Belgiens stattfinden, ein Festival auf dem Lande, über das der Vorsitzende der deutschen Gesellschaft für Theaterpädagogik, Gerd Koch, in einem Interview mit der ostbelgischen Tageszeitung Grenz-Echo sagte: „Ach, wissen Sie, wenn ich von Berlin nach Belgien reisen muss, um auf einem einzigen Festival Stücke und Menschen aus Belgien, Frankreich, Israel oder dem Iran kennen zu lernen, dann lohnt sich das ganz selbstverständlich. Ich glaube, das findet man wohl so nur hier." Auf das Festival, auf dessen Eigenschaft als „Fest" die Macher besonderen Wert legen, wartet inzwischen alljährlich ein Publikum aus der gesamten Region und weit darüber hinaus. Auch wenn noch nicht berichtet wurde, dass Schauspieler der gastierenden Theater in St. Vith auf offener Straße um Autogramme gebeten wurden. Das erlebten auch die Mimen der Agora bislang nur in Minsk.

Ob Taboris „Jubiläum", ob „Romeo und Julia" oder – wir hier – „Hamlet", ob Brechts „Baal", Büchners „Woyzeck" oder Aitmatows „Weißer Dampfer", sie alle haben als Vorlagen für Inszenierungen der Agora gedient. Aber viele Stücke – und nicht nur die für Kinder und Jugendliche – schreibt Marcel Cremer selbst oder in Zusammenarbeit mit dem Ensemble.

Festivals und noch mehr Feste

Treibende Bassläufe und wummernde Beats lassen die Fensterscheiben der kleinen Lambertuskapelle und der ehrwürdigen Patrizierhäuser auf dem Eupener Werthplatz erzittern. Der heilige Georg blickt versteinert von seinem Standbild auf eine wogende Menschenmenge. Auch in dem kleinen, feinen Bed & Breakfast „Julevi" in unmittelbarer Nähe ist an Schlaf nicht zu denken.

Es ist allerdings auch niemand da, der Schlaf suchen würde: Die Gäste des „Julevi", die Berliner Band „Wir sind Helden", stehen auf der Hauptbühne des Eupen Musik Marathons – dort, wo eben noch die belgische Band „Girls in Hawaii" mit dem Eupener Bassisten Daniel Offermann ihren Auftritt hatte und wo zum Abschluss des ersten Tages des Eupen Musik Marathon 2008 Joe Jackson die Besucher begeisterte.

René Janssen ist die Anspannung der letzten Tage deutlich anzusehen. Der Geschäftsführer der organisierenden Vereinigung Chudoscnik Sunergia steht ein wenig abseits der Bühne und gibt sich zum Ende des zweitägigen Festivals wortkarg. Werden die Besucherzahlen ausreichen, um den Eupen Musik Marathon 2008 mit einer schwarzen Null abzuschließen? Immerhin konkurriert man mit der Fußballeuropameisterschaft; Deutschland steht im Finale und viele Fans reisen alljährlich aus der Bundesrepublik zu einem Festival an, bei dem fast alle Musiksparten vertreten sind, von der Worldmusic über Jazz, Rock und Pop bis hin zur volkstümlichen Musik.

Diese Mischung macht den Musik Marathon zu einem Fest für alle Altersgruppen. Alljährlich gibt es Geheimtipps zu entdecken und – neben lokalen Musikergrößen – internationale Stars sozusagen vor der eigenen Haustür zu erleben, von der belgischen Jazzlegende Toots Thielemans über Bob Geldof, Reamonn und Mory Kanté bis hin zur Akademie für Alte Musik Berlin.

Die Friedenskirche und die Sankt-Nikolaus-Kirche mit dem Hochaltar des Aachener Barockarchitekten Johann Josef Couven sind traditionell den Konzerten mit klassischer Musik vorbehalten. Bis 2000 nannte sich das Festival „Tag der Musik", nach dem Vorbild des Anfang der 1980er Jahre vom damaligen französischen Kulturminister initiierten „Journée de la musique". Was klein und bescheiden begann, ist über die Jahre zu einer Mammutveranstaltung mit rund vierzig Konzerten auf einem Dutzend Bühnen geworden.

Ostbelgien ist ein gutes Pflaster für Musikfreunde. Das wissen die Organisatoren der Reihe „Jazz im Foyer" ebenso wie die Konzertgesellschaft Musica Viva Eupen, die 1998 als Hommage an die vielen Orgelneubauten und -restaurierungen den „Ostbelgischen Orgelsommer" ins Leben rief. Das machen sich die Städte St. Vith und Eupen zunutze und laden alljährlich Daheimgebliebene und Gäste zu den Veranstaltungen im Rahmen von „Summertime" beziehungsweise „Summer in the City" ein.

Und das können auch die Macher des OstbelgienFestivals bestätigen, das Pendant des „Festival van Vlaanderen" und des „Festival de Wallonie", das seit fast zwanzig Jahren klassische Musik der Extraklasse anbietet und auf eine Auslastung seiner Konzerte verweisen kann, die andere Veranstalter neidisch nach Ostbelgien schielen lässt. ▶

Eupen Musik Marathon: Volles Haus auf dem Werthplatz bei den Girls in Hawaii (S. 96, 97, 98), klassische Musik vor Rokoko-Kulisse in der Sankt-Nikolaus-Pfarrkirche (oben).

Max Ernst trifft Irene K.

Der eine oder andere Besucher des Eupen Musik Marathons war auf dem Heimweg in Gedanken vielleicht schon bei einer der nächsten Kulturveranstaltungen, möglicherweise beim nächsten Auftritt der 1977 unter der künstlerischen Leitung von Irene Borguet-Kalbusch gegründeten Compagnie Irene K., die sich dem zeitgenössischen Tanztheater verschrieben hat und ihre Performances gerne an ungewöhnlichen Orten wie Fabrikhallen aufführt. Die Compagnie ist neben dem Agora-Theater und der Literaturzeitschrift „Krautgarten" ein weiterer erfolgreicher Kulturexport der Deutschsprachigen Gemeinschaft Belgiens und räumte ebenfalls zahlreiche internationale Preise ab, wie bei den „Rencontres Internationales de Danse et de Chorégraphie" in Pont-à-Mousson in Frankreich, beim „Choreografen Wettbewerb" in Hannover oder beim „Hanse Preis" in Lübeck sowie – mit der Produktion „Der Zaubergarten" – beim Internationalen Kinder- und Jugendtheaterfestival in Bulgarien.

2008 machte die Compagnie Schlagzeilen mit „M.E.", einer „Reise rund um Max Ernst", über die Irene Borguet-Kalbusch sagt: „Max Ernst hat immer schon meine choreografische Arbeit beeinflusst. Die Anknüpfungen an sein Werk sind zahlreich, auch wenn sie sehr filigran und diskret sind. Das Zusammentreffen mit Luca Scarlini, einem großen Liebhaber und vor allem Kenner des Oeuvre von Max Ernst, war kein Zufall, ganz im Gegenteil. Durch die Gespräche mit Luca konnte ich noch tiefer in die Komplexität des Oeuvre des Malers eintauchen. In meiner Choreografie habe ich mich entschlossen, auf der Reise durch das extrem komplexe Werk von Max Ernst einige Aspekte hervorzuheben: den Bezug zu Körper, Religion und Mystizismus, Transformation und Metamorphose und Tierwelt."

Dass für den Zuschauer der Zugang zu dem Dargebotenen nicht einfach ist, liegt in der Natur der Sache und ist den Verantwortlichen der Compagnie Irene K. sehr wohl bewusst. Doch auch wer nur die szenischen Bilder auf sich wirken lässt, macht eine bereichernde, die Phantasie beflügelnde Erfahrung. Das gilt ebenfalls für das Festival „Tanzende Stadt", bei dem die Compagnie nicht nur ostbelgische Orte mit einem bizarren, skurrilen, lustigen und vor allem extravaganten Schauspiel belebt, das Erwachsenen ein Lächeln der Bewunderung auf die Lippen zaubert und Kinder mit offenem Mund staunen lässt.

Bezug zu Körper, Religion und Mystizismus, Transformation und Metamorphose und Tierwelt."

Laureaten des Königin-Elisabeth-Wettbewerbs – eines der weltweit bedeutendsten Musikwettbewerbe in den Fächern Klavier, Violine, Gesang und Komposition – wie Severin von Eckardstein, Markus Groh oder Baiba Skride sind regelmäßig Gäste des Festivals, das auch übers Land zieht und in den kleinen ostbelgischen Dorfkirchen außergewöhnlichen Musikgenuss bietet.

Das ist zum Beispiel der Fall, wenn sich der Thomanerchor aus Leipzig angemeldet hat oder wenn Abdel Rahman El Bacha, ebenfalls Preisträger des Elisabeth-Wettbewerbs, mit dem Brussels String Quartet auftritt. Die symphonischen Konzerte – 2008 waren neben den Lütticher Philharmonikern das Vlaams Radio Orkest, das Belgische Nationalorchester und erstmals das Orchestre National de Lille zu Gast – müssen nach Fertigstellung der Kulturzentren in Eupen und Sankt Vith nicht mehr in einer Sporthalle oder in einem Kinosaal stattfinden. Vor allem das St. Vither Kulturzentrum Triangel kann mit einem ultramodernen Konzertsaal aufwarten, dessen Bühne auch Orchestern mit großer Besetzung Platz bietet.

Wenn bei diesem Festival neben den internationalen Größen auch Lokalmatadore wie die Königliche Harmonie Hergenrath unter Leitung des hervorragenden ostbelgischen Dirigenten und Komponisten Gerhard Sporken, der gemischte Chor Carmina Viva oder die Sopranistin Sophie Karthäuser auftreten, dann ist das nicht nur eine Hommage an die lokale Szene, sondern auch ein Beleg für die Qualität des ostbelgischen Musiklebens, an der die Musikakademie der Deutschsprachigen Gemeinschaft ebenso maßgeblichen Anteil hat wie die Tatsache, dass in Ostbelgien nicht nur die Vereinsdichte, sondern auch das Können der unzähligen Chöre, Harmonien und anderen Musikvereinigungen hoch ist.

Und immer wieder verschlägt es ostbelgische Musiker in die weite Welt. So ist der Klarinettist Marcel Luxen Mitglied des Malaysian Philharmonic Orchestra und Aurore Schoonbroodt spielt im Orchestre Radio France in Paris. Sie ist die Tochter des 1992 tödlich verunglückten ostbelgischen Musikers Hubert Schoonbroodt, der unter anderem Solo-Oboist beim Belgischen Nationalorchester und international tätiger Konzertorganist war. Doch auch die Daheimgebliebenen sind erfolgreich: Mit Paul Pankert erhielt 2008 zum ersten Mal ein Ostbelgier in Brüssel den angesehenen Komponistenpreis der Königlichen Akademie der Wissenschaften, Kunst und Literatur. Fester Bestandteil des OstbelgienFestivals ist neben Konzerten zeitgenössischer Musik auch die „Liedernacht" des Belgischen Rundfunks BRF, bei welcher, der Name verrät es, vor allem Lieder und Chansons vorgetragen werden.

Die öffentlich-rechtliche Rundfunk- und Fernsehanstalt tritt ebenso selbstverständlich wie das Grenz-Echo, die einzige deutschsprachige Tageszeitung in Belgien, als Medienpartner zahlreicher weiterer Kulturveranstaltungen auf ostbelgischem Boden auf. Zu den aufwändigsten Veranstaltungen von Chudoscnik Sunergia gehört seit 1995 das Straßentheaterfestival HAASte Töne, das im August das Haasviertel in der Eupener Unterstadt in eine einzige große Theaterkulisse verwandelt. Fliegende Clowns, waghalsige Akrobaten, riesige Stelzenläufer und verrückte Musiker verdrehen dem Publikum den Kopf und kreieren eine einzigartige Atmosphäre voller Poesie, Mystik und Humor. Schneller, als man sich versieht, ist man selbst als Schauspieler ins Spektakel eingebunden. Da können, wie 2008 geschehen, zeitgleich ein paar Kilometer Luftlinie entfernt am Stadtrand von Eupen „Die Ärzte" und die „Sportfreunde Stiller" vor 15 000 Menschen auftreten – das Straßentheaterfestival feierte zur selben Zeit mit zweitausend Besuchern seinen größten Publikumserfolg.

Wahrscheinlich hat Chudoscnik-Sunergia-Geschäftsführer René Janssen schon HAASte Töne im Hinterkopf, als die Band „Wir sind Helden" nach Mitternacht und der letzten Zugabe völlig verausgabt, aber zufrieden mit sich und dem Eupener Publikum die Bühne verlässt, um sich ins „Julevi" zurückzuziehen. Der letzte Vorhang des Eupen Musik Marathons 2008 ist gefallen. Doch wie sagte der legendäre deutsche Fußball-Bundestrainer Sepp Herberger: „Nach dem Spiel ist vor dem Spiel." Für René Janssen und Chudoscnik Sunergia heißt das: Keine Zeit, sich auf den Lorbeeren auszuruhen. Das nächste Indoor Rock-, Pop- und Elektronikfestival im Eupener Capitol, der nächste Konzertabend in der Reihe Remmidemmi, die nächste Kabarettveranstaltung, die Scenario-Theatertage oder das Figurentheaterfestival FIGUMA und das Kinder- und Jugendtheaterfestival „Theater Starter" im kommenden Jahr, all diese Veranstaltungen wollen sorgfältig vorbereitet sein.

Doch bevor am nächsten Morgen der Abbau der Bühnen weitergeht und die endgültigen Besucherzahlen vorliegen, nimmt René Janssen sich Zeit für ein Brötchen und ein, zwei Bier – zusammen mit den wahren Helden des Eupen Musik Marathons, den rund zweihundert ehrenamtlichen Helfern, die dieses Festival erst möglich machten. Der blaue Hirsch hat mittlerweile seinen Standort gewechselt und am Parkplatz des Regierungsgebäudes der DG Posten bezogen. Dort erinnert er jeden Morgen die Minister, deren Mitarbeiter und Gäste an die Europäische Kulturhauptstadt 2007. Und daran, dass die Kultur und die deutsche Sprache das Fundament der Deutschsprachigen Gemeinschaft Belgiens sind. ◀◀

Das OstbelgienFestival zu Gast in der Pfarrkirche von Recht: Der Detska Kitka Choir offenbarte im Herbst 2008 das Geheimnis der bulgarischen Stimmen.

S. 106/107: Straßentheater vom Feinsten beim alljährlichen „Haaste Töne"-Festival in der Eupener Unterstadt.

Prinz Karneval und der Gänsekönig

Was den Bayern die Starkbierzeit, ist dem Ostbelgier der – rheinische – Karneval: die so genannte fünfte Jahreszeit, die den Lebensrhythmus zahlreicher Menschen nachhaltig beeinflusst. Groß ist nicht nur in Köln oder Düsseldorf, sondern auch von Ouren bis Kelmis das Gejammer, wenn das Osterfest schon Mitte März gefeiert wird, denn vierzig Tage vorher ist am Aschermittwoch alles vorbei. Was aber manchen Karnevalisten nicht davon abhalten kann, zu diversen Gelegenheiten bierseelig zu schunkeln und einen Karnevalshit nach dem anderen zu schmettern. Mittlerweile gibt es Umzüge nicht mehr nur in den Karnevalshochburgen, und an Weiberfastnacht wird jedes ostbelgische Rat- oder Gemeindehaus gestürmt. Lange vor den eigentlichen Karnevalstagen amüsieren sich die Jecken und Narren auf zahlreichen Karnevalssitzungen, bei denen bemerkenswerterweise in den Dörfern der belgischen Eifel fast ausschließlich Einheimische auftreten.

Neben dem Karneval gehören Sternsingen, Kirmes, Laternenzug und Martinsfeuer zu den weit verbreiteten Traditionen in der Deutschsprachigen Gemeinschaft. Bräuche wie das Abbrennen des so genannten Burgfeuers, mit dem am Wochenende nach Karneval der Winter vertrieben werden soll, findet man ausschließlich in der Eifel, das Aufstellen des Maibaums und das Maiennachtsingen haben mittlerweile auch im Norden der DG Tradition. Einzigartig in seiner Form ist der alle zwei Jahre stattfindende Blumenkorso in Hergenrath in der Gemeinde Kelmis, die seit 1936 auch Austragungsort von Passionsspielen ist. Diesem Vorbild eifert man seit 1993 auch in Schönberg in der Gemeinde Sankt Vith nach, wo man der klassischen Ebene, die die Leidensgeschichte Jesu erzählt, eine moderne Ebene hinzufügt, um zu zeigen, dass das Evangelium täglich gelebte Wirklichkeit ist.

Wenn man weiß, dass im Jahr 2008 fast zweihundert Amateurkunstvereinigungen Zuschüsse von der Deutschsprachigen Gemeinschaft Belgiens erhielten, kann man sich ein Bild davon machen, wie viele der gut 74.000 Einwohner Ostbelgiens Mitglied in einem Chor, einem Musik- oder einem Theaterverein zum Beispiel sind.

Oder in einem Schützenverein. Und immer gilt: Ehrenamt ist Ehrensache. Diese Zahl ist auch ein Indiz dafür, dass Folklore und Tradition in Ostbelgien hoch gehalten werden. Auch wenn der Wandel der Gesellschaft, steigende Mobilität und übergroßes Freizeitangebot dazu führen, dass manch ein Verein sich mit Nachwuchssorgen plagt.

Dieser Wandel, zu dem auch gehört, dass neue Bräuche wie Halloween Einzug halten, ändert aber nichts daran, dass die Ostbelgier gerne und ausgiebig feiern – und dass bei zahlreichen Anlässen die örtlichen Vereine einen maßgeblichen Beitrag zum Gelingen der Feste leisten und manchmal auch alte Bräuche wieder aus der Versenkung auftauchen lassen.

So wird bei mancher Kirmes nicht nur immer noch die Gans gehauen oder der Krug geschlagen, sondern mittlerweile auch wieder Lancier getanzt. Und wenn an den Kartagen die Osterglocken schweigen, ziehen vielerorts die Messdiener oder gleich die gesamte Dorfjugend mit Klappern durchs Dorf, um das Glockengeläut zu ersetzen, und sammeln Eier, mittlerweile aber auch Geld.

Zwar wird nicht mehr wie früher mit rohen Eiern geworfen, wenn den klappernden Kindern eine Tür verschlossen bleibt, dafür macht zum Beispiel der Gesang der Kinder im kleinen Eifeldorf Aldringen auch heute noch deutlich, was man unter einer angemessenen Eierspende zu verstehen hat:

«Ein Ei, kein Ei,
Zwei Eier, Spotteier,
Drei Eier, Ostereier,
Vier Eier, besser Eier,
Fünf Eier hätt' ich gern,
Sechs Eier ess' ich gern.»

Wenn dieses Lied aus Kinderkehlen ertönt – gesungen wird im plattdeutschen Dialekt –, fiebern die Karnevalsfreunde insgeheim schon wieder der nächsten fünften Jahreszeit entgegen.

Tradition wird groß geschrieben – ob beim Ganshauen in Büllingen (rechts oben), beim Krugschlagen in Reuland (rechts unten) und nicht zuletzt beim Karneval, wenn die Alten Weiber die ostbelgischen Rathäuser stürmen (S. 110/111).

Links: Die Tradition des Burgbrennens (hier in Iveldingen-Montenau) ist seit Jahrhunderten in der Eifel verwurzelt. Kinder, Jugendliche und Erwachsene ziehen durchs Dorf und sammeln Brennbares für die Burg, die am ersten Wochenende nach Karneval angezündet wird. Über seinen Ursprung gibt es unterschiedliche Theorien. Ist das Burgfeuer eine Erinnerung an das Fest der Frühjahrs- und Sonnenwende unserer heidnischen Vorfahren, das die Hoffnung auf den baldigen Sieg des Lichtes und der Wärme über die winterliche Finsternis und Kälte ausdrückt, wie ein Eifeler Pfarrer 1904 deutete?

Unten: Jugendliche tanzen Lancier in Büllingen: Ein Handbuch des guten Tones und der feinen Lebensart von 1897 beschreibt den Tanz wie folgt: „Dieser Tanz ist außerordentlich anmutig, wenn er korrekt getanzt wird. Er verlangt graziöse, sich dem Rhythmus der Musik anschmiegende Gehweise und Verbeugungen. Dieselben zu unterlassen in dem Gedanken, sie seien überflüssig, verrät, dass man den Charakter des Tanzes nicht erfasst hat."

S. 114/115: Wenn die Glocken in Rom sind, ziehen Kinder – wie hier in Wirtzfeld – mit Klappern durchs Dorf.

Das Grenzland von Peter Hodiamont

Mazarinen liegt an einem Höhenweg zwischen Baelen und Membach. Dass sich der Künstler Peter Hodiamont hier oben niedergelassen hatte, das beweist seine Sehnsucht nach Weitblick: Ostbelgische Horizonte sind voller Geschichten. Als Maler war er ein Erzähler. Die Urne des im Dezember 2004 Verstorbenen ruht in seinem Garten zwischen Statuen, Stelen und Windrädern. Sein Grabmal hat er als Tropfen im Ozean gestaltet.

Jetzt ragt Peter Hodiamont in der Gegend als der „euregionale Künstler" hervor. Seine Ruhestatt ist ein Ausguck auf die drei Länder, die sich drüben im Wiesenland berühren. Die Erinnerung an ihn hat in der Bevölkerung einen festen Platz: Er war ein volkstümlicher Maler, schaffte im Kuhstall ohne postmoderne Prätentionen. Schaute den Menschen aufs Maul, fauchte und tobte, damit sie Scheuklappen und Ohrenschoner ablegten. Er war fromm und frech und legte sich heftig mit der Amtskirche und ihrer Morallehre an. Hodiamont war die totale Ausnahme und doch typisch. So wie er malte, war er auch.

Obwohl ein „Zugereister", war ihm das Eupener Land zur Heimat geworden. Er kannte die verwitterten Spuren ehemaliger Hoheitszeichen ringsherum, streichelte preußisch-belgische Grenzsteine, zog über zugewachsene Gräben und verkümmerte Pfade ins herzogliche Limburg. Jeder Schritt war einer auf der Sprachengrenze: rechts Deutschland, links Frankreich. Hodiamont selbst stammte aus dem nahen Holland. Auf Mazarinen hatte er sich nach Jahren in Aachen niedergelassen. Ursprünglich war er Malermeister, Anstreicher, Handwerker. Dies half ihm, nicht abzuheben, als sein Atelier auch für Kölner und Düsseldorfer zu einer guten Adresse wurde.

Im Laufe seiner Wanderungen durch das Grenzland hatte er sich eine eigene Kluft zugelegt: blaue Strickmütze, blauer Kittel, rotes Halstuch, schwarze Cordhose, an den Füßen Sandalen oder grobes Schuhwerk. Es sollte heißen: gegen alle Moden. Der mächtige graue Bart umrahmte sein Gesicht wie ein Fries. Wären nicht seine Augen gewesen, man hätte gesagt, da naht ein Polterer, ein grantig gealterter Bauernbengel. Aber seine Augen waren wie Sterne, pure Lebensfreude und feuriger Zorn funkelten in reinstem Blau. Seine Glut kam von innen. Alles war aus einem Stück, die zuweilen grobe Sprache und die Zärtlichkeit des Katzenfreundes.

Der Maler, Bildhauer und Holzschnitzer Peter Hodiamont hat im Laufe der Jahre Tausende von Menschen aus Nah und Fern fasziniert. Bei ihm fielen die Dinge noch einmal zusammen: Land- und Lotterleben, Arbeitseifer und satte Daseinslust, alles genährt von einem alttestamentarischen Glauben. Wer wünschte sich nicht heimlich, so frei zu sein wie er? Doch war er auch ein Meister der Stille. Bis hoch in den deutschen Osten waren seine Werke zu sehen. In seinen Glasmalereien, die zahlreiche Kirchen im Rheinland schmücken, leuchtet franziskanische Lebensfreude. Flamen und Wallonen schätzten gleichermaßen die Ehrlichkeit seines Pinselstrichs und die Heiterkeit seiner Brunnen.

Politisch schlug er sich kompromisslos auf die Seite der Geprügelten. Er schaffte es, in einer Rede eine zehnminütige Pause einzulegen und danach noch einmal eine dreiviertel Stunde fortzufahren, aber man ließ ihn gewähren. Seine künstlerische Produktion war grenzenlos, doch bezeichnete er sich selbst als „Werkmann". Frauen verehrte er ohne galante Umwege. Die Aktbilder der Begehrtesten verbarg er in entlegenen Nischen seines Ateliers. Maria, seine Frau und Muse, schmunzelte. Er liebte das pralle Leben und legte sich nicht minder heftig mit dem Tod an.

Dass der ehemalige Klosterschüler und Anstreicher nebenbei in Köln als Vater von sieben Kindern Theologie studiert hatte, wissen die Wenigsten. Doch entdeckt man in den unzähligen Kreuzen, Kreuzwegstationen, Christus- und Heiligenfiguren mehr als nur die Erschütterung über Passion und Martyrium. Das Wort „Gott" kam selten über seine Lippen, aber seine Werke verrieten, dass er demütig daran arbeitete, sein Lebensglück nicht auf die sichtbaren Dinge zu beschränken. Die Selbstporträts waren von dunklem Ernst. Auf der Grenze lebend, blieb er bis zuletzt Grenzgänger.

So ist er dann auch gegangen wie einer, der alles unnötige Beiwerk an Bildern über den Haufen wirft. Sein Hof, sein Atelier waren leer, als er plötzlich starb, so als habe der müde, alte Mann vor Anbruch der Herrlichkeit reinen Tisch gemacht. An einem Winterabend hatte er sich noch einmal in die Keramikwerkstatt hineingetastet. Als er stürzte, zerschellten einige Werke auf dem Steinboden, so als reiße er selbst im Tod seine Arbeit mit hinüber.

Freddy Derwahl

ARCHIV STADT EUPEN GRENZ ECHO 1946

ARCHIV STADT EUPEN GRENZ ECHO 1947 1

ARCHIV STADT EUPEN GRENZ ECHO 1947 2

ARCHIV STADT EUPEN GRENZ ECHO 1947 3

ARCHIV STADT EUPEN GRENZ ECHO 1947 4

ARCHIV STADT EUPEN GRENZ ECHO 1948 1

ARCHIV STADT EUPEN GRENZ ECHO 1

GESCHICHTE HISTOIRE HISTORY

„Werde, was du bist"

Carlo Lejeune

Karneval 2008: Auf den Straßen herrscht Trubel. Bunt verkleidete Menschen stehen auf den Bürgersteigen, klatschen und johlen. Manche singen vom treuen Husaren, der „superjeilen Zick" oder der Karawane, die weiterzieht. Prunkwagen fahren durch das Spalier, Bonbons fliegen in die Menge. Ab und zu platscht Regen vom Himmel, dennoch sind viele Einwohner auf den Beinen.

So oder so ähnlich sieht das jährliche Spektakel in fast jeder ostbelgischen Gemeinde aus, in der Karneval nach rheinischem Vorbild gefeiert wird. Aber hier, in Büllingen, fällt ein Detail auf: Auf einem Wagen demonstrieren Studenten öffentlich ihre Sympathie für ihr Heimatland. Sie haben sich in schwarz-gelb-rote Flaggen gehüllt und tanzen vergnügt neben einer Nachbildung des Atomiums und des Manneken Pis. Ein politisches Signal inmitten des großen, meist unverbindlichen Karnevalstrubels. „Wir stehen zu Belgien und unserem Vaterland", gibt sich ein Student vor laufender Fernsehkamera sichtlich Mühe, die Klänge des Karnevalsschlagers „Viva Colonia" zu übertönen.

Diese Szene scheint symptomatisch für den Zwiespalt, in dem die deutschsprachigen Belgier seit fast neunzig Jahren leben. Je größer die Spannungen zwischen Flamen und Wallonen in der Vergangenheit wurden, desto trotziger scheinen sich viele Deutschsprachige an jenes Belgiengefühl zu klammern, das spätestens seit der jüngsten belgischen Staatskrise, die im Jahr 2007 ihren Anfang nahm, nur noch wie eine Chimäre aus längst verflossenen Zeiten erscheint.

Wohl aus einem gewissen Unbehagen der eigenen Autonomie gegenüber hatten führende Politiker jener kleinen Minderheit in den siebziger und achtziger Jahren kaum eine Gelegenheit ausgelassen, die deutschsprachigen Belgier als die „bestgeschützte Minderheit", als „die letzten Belgier" oder gar als „die letzten und besten Belgier" zu bezeichnen.

Das Jahr 2007 versetzte diese Minderheit, die über eine komfortable Autonomie verfügt, in einen Schockzustand. Die Politiker in Brüssel rangen nicht nur neun Monate um eine neue Koalition für den Föderalstaat Belgien, sondern auch um die Zukunft des Landes Belgien.

Viele Flamen und Wallonen beschworen alte Feindbilder und zementierten neue. Unterschiede wurden betont, Gemeinsamkeiten übersehen. Die politische Klammer zwischen dem wirtschaftlich starken Norden und dem wirtschaftlich schwachen Süden wurde brüchiger.

Diese Krise rückte die Deutschsprachige Gemeinschaft in den Fokus der internationalen Presse, die ein schnelles Auseinanderbrechen des belgischen Staates witterte. Immer wieder tauchte die Frage auf, wem sich diese kleine Gemeinschaft denn nach der Auflösung des alten Belgiens anschließen wolle. Eine Antwort gab es nicht.

Die Regierung und die Deutschsprachigen übten sich in diplomatischer Zurückhaltung. Fast einstimmig setzten sie auf den Fortbestand des Landes – und somit auf den Fortbestand ihrer Autonomie. ▶

Karneval in Raeren: Je beunruhigender die belgische Staatskrise wird, desto deutlicher fallen die patriotischen Bekundungen in der DG aus.

S. 118/119: Zeitgeschehen, für die Erinnerungsarbeit formatiert: archivierte Grenz-Echo-Ausgaben im Staatsarchiv in Eupen.

Deutschland oder Belgien – eine Frage der Ehre?

Kirmesauftakt in Raeren. Sämtliche Vereine haben sich zur Kranzniederlegung beim Kriegerdenkmal mitten im Dorf eingefunden. Der Königliche Spielleuteverein intoniert den deutschen Trauermarsch „Ich hatt´ einen Kameraden". So gedachte das Dorf bis zur letzten Jahrhundertwende alljährlich seiner „belgischen" Toten. Das Gesicht des Soldaten auf dem Denkmal blieb steinern: Er trug einen belgischen Helm und eine belgische Uniform.

„Wenn ich das erzähle, glaubt mir niemand", schmunzelt Herbert Ruland, Leiter des Geschichtsprojektes „GrenzGeschichteDG", der sich im Kuriositätenkabinett der ostbelgischen Geschichtswahrnehmung bestens auskennt.

Kein einziger Soldat aus Raeren hat im Ersten Weltkrieg den belgischen Soldatenrock getragen. Nichts deutet darauf hin, dass sich die Menschen der ehemaligen deutschen Kreise Eupen und Malmedy im Jahr 1914 nicht als gute Deutsche gefühlt hätten. „Der Mobilmachungsbefehl löste sofort überall vaterländische Begeisterung aus. Während die jungen Leute unter begeistertem Absingen von patriotischen und Kriegsliedern in den Wirtschaften Abschied feierten, unterhielten sich die Älteren über den Ernst der Situation. Die Einberufenen folgten ausnahmslos begeistert dem Rufe des Vaterlandes", notierte beispielsweise der Bürgermeister von Schönberg im August 1914.

Die einfachen Menschen konnten nicht absehen, wie traumatisch sich der Erste Weltkrieg auf das Nachbarland Belgien auswirken würde: Deutschland verletzte die belgische Neutralität, die deutsche Armee erschoss über 6000 belgische Zivilisten als Vergeltung für Angriffe vermeintlicher Freischärler, die Besatzungsmacht versuchte das Land durch ihre Flamenpolitik zu spalten und innerhalb von vier Jahren wurden große Teile Belgiens, vor allem Westflandern, dem Erdboden gleichgemacht.

Nach Kriegsende verlangte Belgien Reparationen von Deutschland. Das Land sollte durch die Kreise Eupen und Malmedy und dadurch mit Wasser und Wald entschädigt werden. „Passen Sie auf, dass alles ohne Probleme abläuft und dass sich die Kosten in Grenzen halten. Sie werden wie der Gouverneur einer Kolonie herrschen, die in direktem Kontakt mit dem Vaterland steht", schrieb der belgische Premierminister Delacroix Generalleutnant Baron Baltia, der die Region Belgien eingliedern sollte und dafür mit quasi diktatorischen Vollmachten ausgestattet worden war.

Um dem vom US-amerikanischen Präsidenten geforderten Selbstbestimmungsrecht der Völker zu genügen, wurde eine Volksbefragung organisiert, bei der sich jene Bürger in öffentliche Listen eintragen sollten, die gegen die Annexion durch Belgien waren. Der Druck gegen die Abstimmungswilligen war aber so groß, dass sich nur 273 der 33 726 Wahlberechtigten in die Listen eintrugen.

„Wir sind Deutsche und wollen Deutsche bleiben", diese unter der Hand kursierende und rechtlich völlig bedeutungslose Petition unterschrieben im gleichen Zeitraum über 8330 Bürger in nur vierzehn Tagen. Dann wurde sie von den deutschen Behörden unterbunden. Auf der anderen Seite nahm der belgische Staat die Haltung ein, dass die Annexion, vom Völkerbund 1920 abgesegnet, völkerrechtlich aber korrekt war. Die Integration gestaltete sich folglich schwierig. „Was die Rückkehr dieser Brüder gleicher Rasse in die belgische Gemeinschaft aber betrifft, so bestand mit Blick auf sie in der gesamten Bevölkerung unseres Landes eine vollständige Gleichgültigkeit. Diese Gleichgültigkeit schlug in Feindseligkeit um, als diese neuen Mitbürger nur die deutsche Sprache verstanden und sprachen", urteilte der belgische Diplomat Jacques Davignon 1942 in einer Denkschrift. Die Volksbefragung von 1920 war die Ouvertüre zu einem zwanzig Jahre dauernden Kampf zwischen belgischem und deutschem Nationalismus in dieser Region. ▶

Links: Kriegerdenkmäler (hier in Raeren) als stumme Zeugen einer wechselvollen Vergangenheit.

S. 124/125: Die vielen Kinder, die die „Kulturrouten" zwischen Udenbreth und Hünningen zurücklegen, entdecken eine ihnen unbekannte Welt.

Die Wunden der Vergangenheit

„Es war Januar 1939", berichtete eine – mittlerweile verstorbene – Zeitzeugin. „Es lag sehr hoher Schnee. Die Nacht war längs angebrochen. Da klopfte es an der Türe. Draußen standen sieben Personen. Ich erinnere mich noch an eine Frau. Sie trug ein Kleid, einen dünnen Mantel und einfache Sommerschuhe. Die waren völlig durchnässt, durchgefroren und erschöpft. Ich habe denen zu Essen gemacht und die Kleider am Ofen getrocknet. Morgens, als es noch dunkel war, zogen sie dann weiter." Heute sind die Erinnerungen an jene Zeit fast ausgelöscht. Zu lange ist es her. Zu sehr war dieses Thema tabuisiert. Zu sehr war jene Zeit tabuisiert.

Dort, wo früher Juden nach der Reichspogromnacht im deutsch-belgischen Grenzland den Weg in die Freiheit antraten, erinnert heute eine Tafel an einer der „Kulturrouten" an das Schicksal jener Flüchtlinge. Die vielen Kinder, die diese Wanderwege zwischen Udenbreth und Hünningen zusammen mit ihrer Schulklasse zurücklegen, entdecken eine ihnen unbekannte Welt, in der auch ihre Vorfahren sich den Versuchungen des Menschen verachtenden Naziregimes stellen mussten.

Dabei war die Ausgangssituation in dieser Grenzregion kompliziert. Bis 1933 standen auf der einen Seiten jene, die die Volksbefragung von 1920 als Unrecht ansahen und um eine neue, faire Abstimmung kämpften, die sie zurück in ihr altes Vaterland Deutschland bringen sollte. Sie wurden als Prodeutsche bezeichnet. Auf der anderen Seite stand die Minderheit jener Bürger, die das Ergebnis der Volksbefragung schicksalsergeben oder aus wirtschaftlichem Kalkül annahmen und sich im neuen Vaterland Belgien einrichten wollten. Sie erzielten bei den Wahlen von 1929 knapp 25 Prozent der Stimmen.

Erst jetzt bemerkte die Regierung in Brüssel, dass ihre Politik wenig glücklich gewesen war. Vor allem die 1926 am Veto Frankreichs gescheiterten Verhandlungen über eine Rückgabe der Kantone Eupen und Malmedy an Deutschland gegen eine Summe von 200 Millionen Reichsmark hatten einen bitteren Nachgeschmack hinterlassen. Als Hitler 1933 in Deutschland Reichskanzler wurde, versuchten die Nazis, diese prodeutsche Bewegung klammheimlich zu stärken und die Prodeutschen auf ihre Seite zu ziehen.

Auch in den Ostkantonen fanden die Deutschen eine Minderheit, die mit dem Nationalsozialismus sympathisierte. Viele blieben jedoch einfach ihren deutschnationalen Überzeugungen treu. Wieder andere wandten sich nun dem neuen Vaterland Belgien zu, da sie aufgrund ihrer christlichen Überzeugung dem Nationalsozialismus grundsätzlich misstrauten.

So monierten deutsche Volkstumspolitiker noch im Januar 1939, dass die Führungsschicht der prodeutschen politischen Organisation der Heimattreuen Front „morsch und verbraucht" sei und sich „nicht vom Katholizismus lösen" könne.

Gleichzeitig setzte Hitler Eupen-Malmedy immer wieder geschickt als Druckmittel gegen die belgische Regierung ein, die zumindest Ende der dreißiger Jahre ihre Politik in dieser Grenzregion in Teilen dem deutschen Diktat unterwarf. So verbat sich der Innenminister Albert Devèze beispielsweise in einem Rundtischgespräch vom Mai 1939 „wirkungslose Maßnahmen" in den Ostkantonen, die den Versuch Belgiens gefährdeten, zu einer neutralen Haltung gegenüber Nazideutschland einerseits und Frankreich und Großbritannien andererseits zu finden. Ihm widersprach Premierminister Hubert Pierlot. Es drängten sich „gewisse Maßnahmen" in den Ostkantonen auf, „um die eigene Autorität zu wahren."

Kurz vor Kriegsausbruch hielten sich in den Ostkantonen Prodeutsche und Probelgier in etwa die Waage. Das belgische Außenministerium machte in einer internen Analyse einen bemerkenswerten Vorschlag: „Wäre es nicht wünschenswert, dass die kulturellen Veranstaltungen nicht nur von der verdächtigen Toleranz der belgischen Behörden profitierten, sondern sogar von einer handelnden Sympathie?"

War damit der Weg in die Autonomie bereits angedacht?

Belgien, Belgien über alles …

„Die Untersuchungsbehörden ließen die Unbürgerlichen einzeln in ihre Amtsstuben bringen, wo diese nach allen Regeln der Kunst, manchmal mit zweifelhaften Methoden, verhört wurden. Es ist vorgekommen, dass einige mit blutverschmiertem Gesicht und mit blutigen Kleidern ins Internierungslager zurückgebracht wurden." So ein anonymer Zeitzeuge. Nur ungern berichten die Ostbelgier heute von jener Nachkriegszeit, die so viele Verletzungen und Demütigungen hinterlassen hatte.

Ein Internierungslager war der Garnstock in Eupen. Dorthin trieb vor allem die „Weiße Armee", die Sammelbewegung des innerbelgischen Widerstandes, unzählige Eupen-Malmedyer nach dem Einmarsch der amerikanischen Truppen im September 1944. Sie wollten Rache nehmen für all das, was die Nazis im besetzten Belgien angerichtet hatten. Viele setzten dabei „nationalsozialistisch" mit „deutsch" und „deutschsprachig" gleich. Alle Ostbelgier standen prinzipiell unter Kollaborationsverdacht.

Sie übersahen – ebenso wie die belgische Regierung – die feinen Unterschiede, die die Geschichte Eupen-Malmedys erst verständlich machen: „Der 10. Mai 1940 verdeutlicht die innere Zerrissenheit vieler ostbelgischer Familien. Einer meiner Großväter wird den durchziehenden deutschen Truppen zugejubelt haben, während sein Sohn als belgischer Frontsoldat am Albertkanal den deutschen Angriff abwehren sollte. Der andere Großvater musste als ‚Volksverräter' im Gemeindehaus, wo er Bürgermeister war, seinen Platz räumen. Seinen Söhnen sagte man, man werde ihn später daheim noch in seiner Unterhose abholen", berichtet ein weiterer Zeitzeuge. ▶

Dicke Mauern bergen eine tragische Geschichte: Das ehemalige Kloster Garnstock diente Belgien in der unmittelbaren Nachkriegszeit als Internierungslager.

Auf der Suche nach Spuren der Vergangenheit: das Staatsarchiv in Eupen am Tag des offenen Denkmals.

S. 130/131: Der Regierungssitz in Eupen: das Bild einer gewachsenen Autonomie.

Viele „Neubelgier" hatten den einrückenden deutschen Truppen am 10. Mai zugejubelt und auf die „Heimkehr ins Reich" gehofft, die Hitler am 18. Mai 1940 auch einseitig verfügte. Mit der Annexion wurden sie Bürger des Dritten Reichs, während das übrige Belgien besetzt war. Die anfängliche Begeisterung schlug spätestens ab 1941 in herbe Ernüchterung um. 8800 junge Männer wurden von der Wehrmacht eingezogen, nur rund 800 hatten sich freiwillig gemeldet.

Die Gestapo verfolgte Gegner des Nationalsozialismus und verschleppte und tötete 62 Bürger in Konzentrationslagern oder als politische Gefangene – unter ihnen viele Priester. Die durch die nationalsozialistische Kriegswirtschaft bedingten Versorgungslücken taten ihr Übriges. Die Menschen entfremdeten sich recht schnell der Nazi-Ideologie.

Gleichzeitig fanden sie bei ihrem neuen „Vaterland" Belgien keine Unterstützung. Die belgische Regierung erkannte die Annexion vom 18. Mai 1940 nicht an. Dies war völkerrechtlich korrekt. Sie unternahm aber auch nichts, um die Annexion zu verhindern.

Es gab keinen offiziellen Protest, noch nicht einmal eine Mitteilung über Radio London. In den Archiven lässt sich erst im Frühjahr 1944 eine erste inoffizielle Reaktion finden. Die Menschen vor Ort fühlten sich verlassen. Die Ardennenoffensive im Dezember 1944 führte außerdem zu schrecklichen Schäden in der belgischen Eifel: So stand beispielsweise in der Stadt St. Vith nur noch ein einziges Haus.

Ab Sommer 1945 kam es zu einer undifferenzierten Säuberungspolitik. Da die belgische Regierung ihrem Standpunkt treu blieb, dass die Annexion völkerrechtlich ungültig gewesen sei, wurden auch zahllose Ostbelgier wegen Kollaboration mit den Deutschen angeklagt – ebenso wie alle anderen der Kollaboration mit den Deutschen Verdächtigen, die im besetzten Belgien gelebt hatten. Die Folge war, dass jeder sechste erwachsene Bürger der Ostkantone interniert oder inhaftiert wurde. Über jeden zweiten volljährigen Bürger wurde eine Gerichtsakte angelegt, gegen jeden zwölften ein Gerichtsverfahren eröffnet, jeder fünfundzwanzigste wurde verurteilt. Jeder zweite Wähler wurde 1946 von den Wahlen ausgeschlossen, Tausenden wurden die Bürgerrechte aberkannt, jeder zehnte Ostbelgier wurde wegen einer negativen „Zivismus-" oder „Bürgerlichkeitsbescheinigung" aus dem gesellschaftlichen Leben ausgeschlossen.

Fortan wurde vorgeschrieben, wie die Begriffe Befreiung, Kollaboration, Widerstand, Patriotismus zu verstehen seien. Bei Strafandrohung wurden ganze Themenbereiche aus der öffentlichen Diskussion verbannt. Auch ein Dialog mit den anderen belgischen Sprachgruppen fand nicht statt, so dass Vorurteilen und Klischees Tür und Tor geöffnet wurden. Neben dieser Flurbereinigung der historischen Betrachtung wurde das Postulat, „belgisch zu denken, zu handeln und zu fühlen" zur verpflichtenden Maxime. Diese Haltung erlaubte kein differenziertes „Ja, aber..." bei der Analyse der komplexen Gefühlslage der Ostbelgier zwischen den beiden Weltkriegen und deren Folgen. Es gab in der unmittelbaren Nachkriegszeit nur eine einzige behördlich verordnete und autorisierte Lesart der Vergangenheit. ▶

Zeittafel

1815	Das 1794 von Frankreich annektierte Gebiet um Eupen, Malmedy und St. Vith wird auf dem Wiener Kongress Preußen zugeschlagen.
1914–1918	1848 Soldaten aus der Gegend Eupen-Malmedy werden im Ersten Weltkrieg für ihr Vaterland Deutschland getötet.
1919	Versailler Vertrag: Sämtliche Gemeinden des Grenzstreifens werden vom deutschen Reichsgebiet getrennt und Belgien unterstellt.
1920	Bei einer Volksbefragung haben die Bürger lediglich die Möglichkeit, gegen die Annexion in öffentlichen Listen zu protestieren. Eupen-Malmedy wird von Belgien annektiert.
1920–1925	Übergangsregime unter dem belgischen Generalleutnant Herman Baron Baltia.
1925–1940	Nationalistische und ideologische Auseinandersetzungen zwischen den prodeutschen und probelgischen Meinungsgruppen.
1940	Eupen-Malmedy wird völkerrechtswidrig von Nazideutschland annektiert.
1941	Rund 8.800 ostbelgische Männer dienen nach Verleihung der deutschen Staatsbürgerschaft in der Wehrmacht. Bis 1945 ca. 4000 Kriegstote.
1944/45	Die Ardennen-Offensive richtet vor allem in der Eifel verheerende Schäden an.
1945	Das Gebiet wird wieder Belgien zugeordnet. Eine undifferenzierte Entnazifizierung („Säuberung") setzt ein.
1963	Durch das Sprachengesetz wird ein offizielles deutsches Sprachgebiet anerkannt.
1960er & 1970er Jahre	Autonomiediskussion.
1973	Einsetzung des „Rates der deutschen Kulturgemeinschaft".
1984	Umbenennung in „Rat der Deutschsprachigen Gemeinschaft" (RDG). Am gleichen Tag, dem 30. Januar 1984, wählt der Rat eine erste eigene Regierung, bestehend aus einem Ministerpräsidenten und zwei Ministern.
1985	Gründung des Gerichtsbezirkes Eupen.
1994	Die Deutschsprachige Gemeinschaft (DG) wird Wahlbezirk für Europawahlen.
1998	Alle Parteien der DG fordern einstimmig die Befugnisse, die die anderen belgischen Regionen innehaben (Flandern, Brüssel, Wallonie).
2004	Der „Rat" heißt ab nun „Parlament der Deutschsprachigen Gemeinschaft" (PDG) und zählt 25 direkt gewählte Abgeordnete.

Selbstfindung unter Druck

St. Vith 1957. Der Vorhang fällt. Über 500 Zuschauer applaudieren frenetisch. Die Schauspieler einer deutschen Theatertruppe verbeugen sich erleichtert. Es ist geschafft.

Zur Aufführung war „Der zerbrochene Krug" von Kleist gelangt. Das Stück handelt von einem korrupten Richter, der mit List und Bauernschläue die Wahrheit zu vertreten vorgibt, bis sich herausstellt, dass er selbst keine weiße Weste hat. Schlimmer noch! Während der Verhandlung stellt sich heraus, dass er selbst der Täter ist und den wertvollen Krug zerbrochen hat. Kleist stellt mit seinem Lustspiel die vereidigte staatliche Autorität in Frage. Uniformierte Gendarmen hatten jeden Zuschauer beobachtet, der den Eintritt passierte. Im Saal saßen Männer der *Sûreté d'État*, der belgischen Geheimpolizei. Sie waren seit Wochen aktiv.

Ein Häuflein junger Menschen hatte ein „Volksbildungswerk" gründen wollen, was von der Staatsanwaltschaft und den Behörden missbilligt wurde. Berichte wurden verfasst und nach Brüssel geschickt. Die Geheimpolizei hatte einige Mitglieder der Gruppe bereits in deren Wohnungen aufgesucht, verhört, unter Druck gesetzt und mit Berufsverbot bedroht. Doch alle blieben standhaft. Mit dem Theaterstück war das Volksbildungswerk zum ersten Mal an die Öffentlichkeit getreten.

Zahlreiche Hürden mussten genommen werden, um Kleist und die deutsche Theatergruppe nach St. Vith zu bringen: Eine hohe Kaution musste beim Zoll hinterlegt werden, Arbeitsgenehmigungen für ausländische Künstler mussten beantragt werden, die deutschen Schauspieler mussten im Besitz eines Entnazifizierungsausweises sein. Zum ersten Mal nach dem Krieg wurde deutsche Kultur vor einem breiten Publikum in den Ostkantonen präsentiert.

Brüssel, 1969. „Guten Tag, hier sind die Sendungen in deutscher Sprache des BHF", meldet sich Peter Thomas im Brüsseler Funkhaus am Telefon. Gerade hat sein Probejahr beim damaligen Belgischen Hör- und Fernsehfunk begonnen. Die Begrüßung in deutscher – und nicht in französischer – Sprache stößt dem alteingesessenen Personal des BHF sauer auf.

Zusammen mit seinen Kollegen Hubert Jenniges und Horst Schröder, beseelt von den 68er-Idealen und bestrebt, innovativen Journalismus im ostbelgischen Kontext zu machen, befragt Peter Thomas in den folgenden Wochen alle belgischen Parteien zu ihren Vorstellungen von einer möglichen Autonomie der Deutschsprachigen. Als auch die flämisch-nationalistische Partei Volksunie befragt wird, kommt im Funkhaus an der Place Flagey harsche Kritik auf.

„Zum Politikum wurde auch ein Bericht über eine landwirtschaftliche Ausstellung in Brüssel, bei der wir über die Beschilderungen der Stände der deutschsprachigen Aussteller in deutscher und nicht in französischer Sprache berichteten und vermelden konnten, dass dies durchaus respektiert werde", erinnert sich Peter Thomas weiter. Die Folgen waren hart: Ein Journalist durfte seine Texte nur noch am Mikrofon verlesen, nachdem diese vom Chef vom Dienst abgesegnet worden waren. Sein Probejahr lief ohne neuen Vertrag aus.

Heute ist es selbstverständlich, dass die Deutschsprachigen als Minderheit in Belgien anerkannt sind. Doch der Weg war weit, die Schatten der Vergangenheit waren lang. „Es ist größtenteils unsere Schuld, wenn wir bisher so wenig Rechte ausüben. Gewiss sind wir zeitweilig sehr in Not gewesen, ohne Selbstbewusstsein, ohne Wissen um die Zukunft, besonders in wirtschaftlicher und sozialer Hinsicht. Wir waren jahrelang untätig und unschlüssig. Uns genügte es, anständige, arbeitsame und gewissenhafte Belgier zu sein. Nunmehr hat aber der Staat das Recht, mehr von uns zu fordern: dass wir als von ihm anerkannte und gewünschte dritte Volksgruppe unseren Selbstbehauptungswillen endlich unter Beweis stellen."

Mit diesen klaren Worten fasste Johann Huppertz, Bürgermeister von St. Vith, auf einer Bürgermeisterversammlung im September 1971 das jahrelange Unwohlsein der Deutschsprachigen im sich verändernden Belgien zusammen und setzte einen wichtigen Meilenstein in den hitzigen Autonomiediskussionen. Denn die Umgestaltung des überlebten, belgischen Zentralstaates in einen Föderalstaat drohte in Ostbelgien alte Gräben zwischen den Meinungsgruppen der Zwischenkriegszeit erneut aufbrechen zu lassen.

Dennoch herrschte zumindest in einem Teil der ostbelgischen Bevölkerung Aufbruchstimmung. Heinrich Toussaint, Chefredakteur des Grenz-Echo, schilderte diese Gefühlslage treffend im Dezember 1971: „Wenn die Flamen sich betont ‚vlaamsgezind' zeigen, wird nicht gleich einer kommen und fragen, ob sie denn das Geschehen von 1830 rückgängig machen und Holländer werden wollen. Desgleichen wird man die oft etwas naive Begeisterung mancher Wallonen für Frankreich nicht mit dem Wunsch gleichsetzen, sie wollen Untertanen von Präsident Pompidou werden. Anders hier bei uns. Es braucht nur einer den Mund aufzutun und das Wort ‚deutsch' rutscht ihm in irgendeiner Verbindung heraus, gleich sehen neunmalkluge Superpatrioten darin Heim-ins-Reich-Bestrebungen, von denen sie annehmen, sie würden hier bei jeder Gelegenheit aufflammen wie glühende Holzkohle unter der Asche bei einem kleinen Windstoß."

Im gleichen Jahr hatte Leo Tindemans (CVP), Minister für die Beziehungen zwischen den belgischen Gemeinschaften und späterer Premierminister, an den Selbstbehauptungswillen der Menschen in den Ostkantonen mit dem berühmten Ausspruch „Hilf dir selbst, so hilft dir Gott" appelliert. Doch letztlich war es wohl ein Glücksfall der belgischen Innenpolitik, dass die Flamen und Wallonen auch ihrer kleinen Schwester, der deutschsprachigen Minderheit, das gewährten, was sie für sich selber einforderten. Das waren die ersten Schritte hin zu einer Autonomie.

Als am 23. Oktober 1973 der „Rat der deutschen Kulturgemeinschaft" offiziell eingesetzt wurde, verfügte er über kein direkt gewähltes Parlament, keine eigene Exekutive und fast keine Befugnisse. Der Haushalt des ersten Jahres umfasste gerade einmal (umgerechnet) 300.000 Euro.

Heute werden die 25 Mitglieder des Parlamentes der Deutschsprachigen Gemeinschaft direkt gewählt. Seit 1984 verfügt die junge Gemeinschaft über eine eigene Regierung. Die Befugnisse umfassen Kultur, Soziales und den Unterricht. Hinzu kommen die regionalen Befugnisse wie Denkmalschutz, Beschäftigungspolitik sowie Aufsicht und Finanzierung der Gemeinden. Dafür standen 2008 rund 180 Millionen Euro zur Verfügung. ▶

Kriegsveteranen in Kelmis demonstrieren die Fundamente ihrer Identität.

Traum von der „Gemeinschaftsregion"

„Wir Belgier müssen zeigen, dass wir die Gemeinschaftsprobleme in friedlicher und gerechter Weise bewältigen können. (...) Und ich sage Ihnen in dem neuen Geist, der kennzeichnend für das neue Belgien sein muss: Werde, was du bist." Mit diesen geradezu prophetischen Worten forderte Premierminister Leo Tindemans die Mitglieder des Rates der deutschen Kulturgemeinschaft am 9. Juli 1974 auf, die Chancen der Umwandlung Belgiens in einen Föderalstaat zu erkennen und für sich zu nutzen.

Dies war damals keineswegs selbstverständlich. Die 1971 gegründete „Partei der deutschsprachigen Belgier" (PDB) hatte wohl als Erste und Einzige ein Gespür für die Chancen entwickelt, die dieser sich anbahnende Wandlungsprozess den Ostbelgiern bieten würde. Mit ihren Maximalforderungen für eine Autonomie im zukünftigen belgischen Föderalstaat stand sie jedoch lange Zeit isoliert in der ostbelgischen Parteienlandschaft, in der sich die traditionellen Parteien – die Christlich-Soziale Partei CSP, die Sozialistische Partei SP und die (liberale) Partei für Freiheit und Fortschritt PFF – nur schwer von jenem übersteigerten belgischen Patriotismus der Nachkriegszeit zu lösen vermochten. Doch die Einsetzung des Rates der deutschen Kulturgemeinschaft (RdK) brachte eine Dynamik in Gang, die in Ostbelgien zu einem neuen Selbstbewusstsein führte. Dies wurde spätestens im September 1980 deutlich, als das deutsche Sprachgebiet laut Verfassungsreform Teil der Wallonischen Region wurde.

Während die PDB mit ihrer Protestaktion „Schwarze Fahnen" ein deutliches, landesweit registriertes Signal gesetzt hatte, äußerten auch die anderen Parteien vorsichtig ihren Unmut. Ratspräsident Albert Gehlen (CSP) monierte, dass die Ostbelgier „der Wallonie zugeschlagen worden sind, ohne dass sie gefragt wurden"; er sehe Ostbelgien lieber „assoziiert als integriert".

Ludwig Rompen (PS) unterstrich, „dass wir nur widerwillig der Regionalisierung zustimmen, da wir befürchten, nur noch das fünfte Rad am Wagen zu sein", während Bruno Fagnoul (PFF) feststellte, „dass unsere Autonomie relativ ist". Trotz dieser Ängste entwickelte die Deutschsprachige Gemeinschaft in den Folgejahren kontinuierlich eine stabile politische und Verwaltungsstruktur. Schon die zweite Staats- oder Föderalisierungsreform (1980 bis 1983) brachte dem Rat nicht nur die Dekretbefugnisse in kulturellen und personenbezogenen Angelegenheiten (Familie, Gesundheit und Soziales), sondern auch eine eigene Exekutive. Am 30. Januar 1984 wurde der „Rat der deutschen Kulturgemeinschaft in „Rat der Deutschsprachigen Gemeinschaft" umbenannt. Am gleichen Tag wählte er die erste Regierung mit drei Ministern.

Der Haushalt der Deutschsprachigen Gemeinschaft verdreifachte sich, nachdem sie durch die dritte Staatsreform (1988 bis 1990) auch für das Unterrichtswesen zuständig wurde. Die fortschreitende Bundesstaatlichkeit fand seit Mai 1993 auch in der belgischen Verfassung ihren Niederschlag, die seitdem mit den Worten beginnt: „Belgien ist ein Föderalstaat."

Das Parlament der Deutschsprachigen Gemeinschaft: Sein Vorläufer, der Rat der deutschen Kulturgemeinschaft, war ab 1973 Keimzelle der Autonomie.

Einer Besuchergruppe wird die Arbeitsweise des Parlaments der Deutschsprachigen Gemeinschaft in Eupen erklärt.

Seit den Wahlen von 1995 entsendet der Rat der Deutschsprachigen Gemeinschaft ein Mitglied in den Senat, um so auch in Brüssel auf die eigenen Belange aufmerksam machen zu können. Die junge Gemeinschaft kann aber dank eines Zusatzes in der zweiten Staatsreform auch im Einverständnis mit der Wallonischen Region regionale Befugnisse ausüben. So bestimmt die DG seit 1994 autonom über den Denkmal- und Landschaftsschutz und seit 2000 über die Beschäftigungspolitik und die Ausgrabungen. Seit 2005 ist die DG für die Finanzierung der neun deutschsprachigen Gemeinden, die Kirchenfabriken sowie die Verwaltungsaufsicht über die Gemeinden und Polizeizonen verantwortlich.

Diese institutionelle Weiterentwicklung stärkte das Selbstbewusstsein der Deutschsprachigen als Minderheit in Belgien. So fordern alle im Rat (seit 2004: Parlament) der Deutschsprachigen Gemeinschaft vertretenen Parteien seit 1998 einstimmig und immer wieder alle Befugnisse, über die die anderen drei belgischen Regionen – Flandern, die Wallonie und Brüssel – verfügen. Auch beeindruckte die kleine Gemeinschaft im belgischen Krisenjahr 2007/2008 durch eine abgestimmte, einheitliche politische Vision, die man in den übrigen Gemeinschaften vergeblich sucht: Nach der Vorgabe des „Werde, was du bist" von Leo Tindemans sehen die Parlamentarier die Deutschsprachige Gemeinschaft als zukünftige „Gemeinschaftsregion", d.h. als belgisches Bundesland mit allen Befugnissen der Gemeinschaften und Regionen.

Dahinter steckt keineswegs eine verdeckte Form von Separatismus oder Überheblichkeit. Längst haben die Bürger vor Ort den Wert der Deutschsprachigen Gemeinschaft schätzen gelernt. Sie steht heute nicht nur als Garant für die kulturellen Rechte der Deutschsprachigen in Belgien, sondern auch als Institution, die bürgernah die spezifischen Probleme dieser ländlichen Region in einem weitgehend verstädterten Belgien über kurze und direkte Wege pragmatisch zu lösen versteht und somit das oft beschworene Prinzip der Subsidiarität konkret umsetzt.

Epilog: Eindrücke aus einer kleinen Welt

Sie haben belgische Pässe und meist deutsche oder französische Namen und Vornamen. Sie fühlen sich beleidigt, wenn man sie wegen ihrer Sprache als Deutsche bezeichnet oder als deutschsprachige Wallonen. Fast alle sind stolz, deutschsprachige Belgier zu sein. Manche sehen sich zunächst als Belgier, andere zunächst als Deutschsprachige.

Sie werden von vier Ministern regiert. Fast jeder Deutschsprachige kennt mindestens einen Minister persönlich. Auf „ihre" Gemeinschaft sind sie stolz, trauen der Autonomie aber noch immer nicht ganz. Sie fiebern jede Woche mit dem FC Köln, Schalke 04, Borussia Dortmund oder Mönchengladbach und freuen sich über Siege der belgischen Nationalmannschaft. ▶

Eupen: Erinnerungssplitter in einer dynamischen Stadt.

Sie sind stolz auf „ihr" Grenz-Echo und „ihren" BRF, lesen sich aber ansonsten quer durch die deutsche Presselandschaft und hören auch RPR1, WDR oder RTL. Die klassische Schulbildung umfasst noch immer Goethe und Brecht, Schiller und Grass. Manche lesen aber genauso gerne Victor Hugo, Balzac und Camus, einige auch Hugo Claus – natürlich in der Originalsprache.

Thomas Gottschalk, Lindenstraße und Hansi Hinterseer bieten Unterhaltung. „Tagesschau" und „heute journal" gewähren vielen den Blick in die Welt, manche schauen auch ins „Journal Télévisé" rein. Da ist es logisch, dass fast alle die Namen mehrerer deutscher Minister kennen, aber nur wenige den Namen eines belgischen.

Als Muttersprache sprechen fast alle Deutsch, einige Französisch. Jeder beherrscht ein gutes Schulfranzösisch – die Sprache wird im Unterricht stark gefördert. Viele sprechen zudem gut Englisch und einige kommen im Niederländischen gut klar. Dennoch klingt ihr Deutsch etwas anders als das der Deutschen und ihr Französisch anders als das der Wallonen oder gar Franzosen. Aber sie reden - in jeder Sprache. Eher zurückhaltend. Dennoch offen.

Die meisten ostbelgischen Studenten studieren an einer französischsprachigen belgischen Universität, manche in Deutschland oder Flandern. Die Türe nach Europa stoßen die meisten über das Erasmusprogramm auf. Andere Schulabgänger lassen sich im dualen Ausbildungssystem, das es für Belgien so nur in der Deutschsprachigen Gemeinschaft gibt, zu Handwerkern ausbilden. Ihre Fähigkeiten sind ein kleiner Exportschlager der Region.

Viele Ostbelgier sind mobil und sprachlich offen. Sie pendeln nach Luxemburg, Aachen und Lüttich. Einige sind arbeitslos. Doch ihr Anteil ist für eine weitgehend ländliche Region mit rund 7 Prozent vergleichsweise gering.

Sie sind arbeitsam und mögen die wallonische Lebensart. Sie hassen Pommes und lieben Fritten. Sie trinken Bitburger und Jupiler und genießen die belgischen Spezialbiere. Zum großen Bummel geht´s nach Aachen, Lüttich, Maastricht, Trier oder Köln. Sie wissen um die trennende Funktion des Hohen Venns und die daraus entstandenen Mentalitätsunterschiede zwischen Nord und Süd. Sie spötteln gerne über diese Unterschiede, suchen aber dennoch immer wieder die Gemeinsamkeiten.

Sie lieben Vereine. Es ist Ehrensache, in mehreren Mitglied zu sein – vor allem in der Eifel. Sie musizieren gerne und begeistern sich für den Fußball. Die meisten fühlen sich wohl in ihrer Region, aber manche wandern ab – meist der Arbeit wegen. Einige kommen später zurück. Manchmal leben sie wie Gott in Frankreich. In anderen Zeiten lassen sie Gottes Wasser einfach den Rhein herunter laufen.

◀◀

Rechts: Autonomie zum Anfassen: der regionale Rundfunk- und Fernsehsender BRF.

Liebeserklärung an Ostbelgien

Man muss nie weit gehen, um auf dieses Land zu sehen. Überall sind Höhen, die dem Auge Weite schenken. Dass die verstreuten Städtchen und Dörfer außer einer administrativen Bezeichnung keinen gemeinsamen Namen haben, das leuchtet rasch ein. Das Grenzland steckt, wie das Inland, voller Komplikationen. Es gibt große Unterschiede zwischen den Menschen und den Mentalitäten, den Sprachen und den Dialekten, den Befindlichkeiten. Doch bleiben die Übergänge subtiler als anderswo in Belgien.

Das Wort „Grenze" hat im Grenzland nicht nur eine geografische Bedeutung. Es betrifft uralte Sprach- und Kulturgrenzen, die einst die germanische von der romanischen Welt trennten. Erschütterungen sind an solchen Linien besonders heftig, doch haben sie sich nach all den Kriegen zu einer lehrreichen Historie aufgeschichtet. Eroberer, Ein- und Durchmarschierer kamen und gingen. Flaggen und Wappen wechselten – brabantische, burgundische, österreichische, spanische, französische, preußische, deutsche und belgische. Die von Schlagbäumen und Wachposten umzingelten Einwohner haben gelernt, damit zu leben, irgendwann schmunzelnd, lebensklug und erfüllt von einem sanften Fatalismus.

Ostbelgien hat eine einladende Topografie. Hoch oben, auf dem Signal de Botrange, sind bereits Köln, Aachen, Heerlen, Maastricht, Hasselt und Lüttich auszumachen, aber da gibt es auch einen grünen Wall, der das Gebiet vom gierigen Zugriff der großen Städte trennt. Wie Inseln liegen die alten Bruchsteinhöfe im Eupener Wiesenland. Der Süden, die belgische Eifel, ist von dunklen Wäldern umgeben, die sie wie eine entschlossene Armee in ihren Schutz genommen haben. Der Naturpark des Hohen Venns reicht tief hinab in die Flusstäler. Die Seen der Talsperren von Eupen, Bütgenbach und Robertville liegen inmitten von Buchen-, Eichen- und Fichtenwäldern. Ein Paradies für Segler, Wanderer und Langläufer.

Der Norden geht nahezu unbemerkt in ein grünes Butter- und Käseländchen über. Auf den Friedhöfen von Henri-Chapelle, Baelen und Aubel sind die verwitterten Grabsteine noch in niederdeutschen Mundarten beschriftet. Das Büllinger Land gehörte zu Kurtrier, St. Vith und das Ourtal zog es nach Luxemburg. Kaum ein Dorf, das nicht zum Abteiland von Stablo-Malmedy gehörte, im Mittelalter ein europäisches Zentrum der Gelehrsamkeit und Spiritualität. Das reichsunmittelbare Doppelkloster war zweisprachig, Stablo war dem Bischof von Lüttich und Malmedy dem Erzbischof von Köln unterstellt.

Janus war im alten Rom der Schutzgott der Türen und der Tore. Doppelköpfig, deutsch- und französischsprachig, ist auch die Kontur Ostbelgiens. Der Dichter Paul Gérardy schrieb über den „Dämmerwind" des St. Vither Oeslings. Er gehörte zum illustren Kreis von Stefan George und starb vereinsamt auf dem Dachboden des Ostender Malers James Ensor. André Blank malte im Schatten der Wasserburg Raeren und lehrte in Lüttich. Roger Greisch aus Ouren erspürte in seinen Bildern den genius loci von Eifel und Ardennen: Kraft, die aus dem Entlegenen stammt.

Bereits auf dem Gebiet der Wallonie steht die ehemalige Franziskanerkirche Garnstock, ein von Romano Guardini inspirierter Bau des deutschen Architekten Dominikus Böhm, der der Strenge und Leere der Landschaft entspricht. Von Henri-Chapelle bis weit hinunter nach Bitburg und Bastogne zieht sich eine Kette deutscher und amerikanischer Soldatenfriedhöfe. Grenzland ist nie heiter, sondern durchpflügt von den Waffen meist fremder Herrscher, jedoch auch berührt von einer Schwermut jenseits aller Schlachten, die nicht nur in der Unwegsamkeit des überall andringenden Hochmoors wurzelt.

An manchen Herbsttagen leuchtet der Himmel über Ostbelgien, als drohe Feuergefahr. Da und dort bedarf es nur weniger Schritte, und schon werden die Wälder noch tiefer und die Nachbarschaften grenzenlos. Im weiten Kreis der Klöster Gottestal, Mariawald, Reichenstein, Wavreumont oder Clervaux gelten ganz andere, spirituelle Grenzübergänge.

Zu sagen, man sei hier „beheimatet", griffe zu kurz. Janus sucht auf den tückischen Passagen im Hohen Venn noch immer ein Zuhause. Wenn die Nacht ganz klar ist, leuchten in der Ferne die Autobahnen einer anderen Welt. Bei aller Nähe ist man schnell allein. Die Schneewinter bedecken in stürmischer Nachsicht das dichte Geflecht der Sprach-, Kultur-, Landes- und Gemeinschaftsgrenzen und heben jede Sicherheit auf. Klein ist hier nur, wer dieser Offenheit seine Liebe verweigert.

Freddy Derwahl

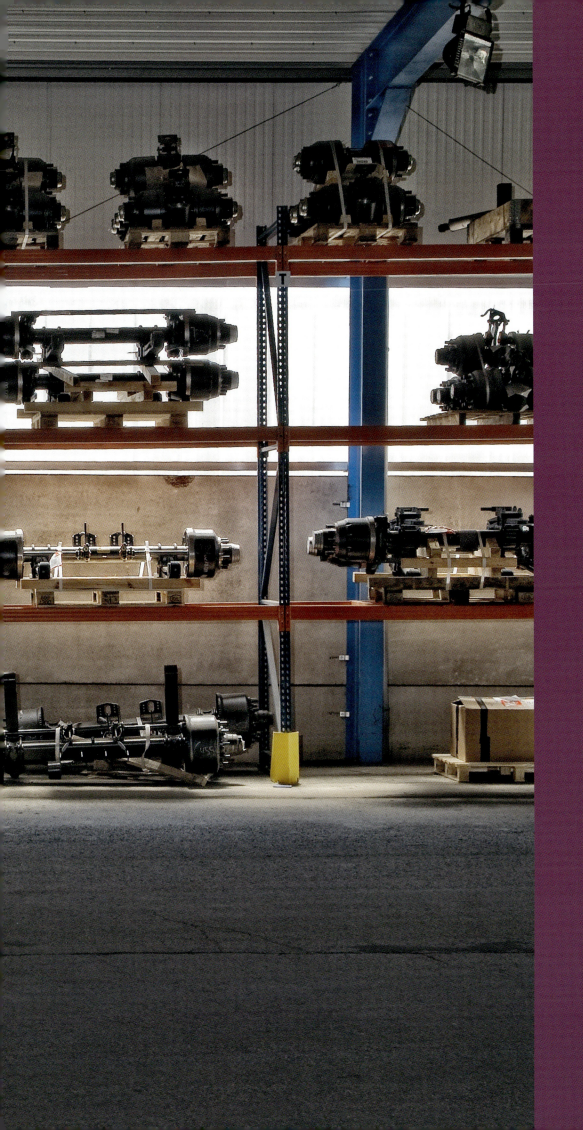

WIRTSCHAFT ÉCONOMIE ECONOMY

"Wir spielen in der ersten Liga"

Ulrike Schwieren-Höger

Ein roter Lastwagen brummt über den Asphalt. Es ist acht Uhr früh, die belgischen Kaltblüter Bijou und Bello werden zum Grenzübergang gerollt. Ein Arbeitstag beginnt, morgens in Ostbelgien.

Es ruckt. Der LKW stoppt am Fuß eines dicht bewaldeten Hügels bei Heinerscheid in Luxemburg. „Alé jo", schallt es in den frischen Morgen, und die Pferde trotten über die Rampe. Wenige Handgriffe nur; dann sind die Muskelpakete, jedes 900 Kilo schwer, fest im Geschirr. Schon geht's ab in den Berg: Dreizackige Krallen beißen sich in Holzstämme; die Zugkraft der Pferde spannt die Ketten, das Holz ist in fester Umklammerung: Ein Bild aus Urtagen: „Alé jo", ruft Holzrücker Stefan Rauw, und stampfende Pferdeleiber ziehen die Stämme hinab auf den Hohlweg, wo sie der Greifarm einer Rückemaschine packt und zum Transport aufstapelt.

Stefan Rauw grinst. Das liebt er: Pferde. Schwere Wagen. Frische Luft. Seit dem achten Lebensjahr ist er schon auf dem Holzweg. Der Großvater hat ihn hierher gebracht. Der ist jetzt 82 und knorrig wie ein Baum. Rauw selbst ist gerade mal 24. Mit 18 hat er diesen Beruf gewählt, der seine Liebe zu schweren Maschinen mit zwei Mal einem PS verbindet: „Ganz ohne Pferde wird es niemals gehen", sagt er. „In unwegsamem Gelände werden sie immer gebraucht. Ich stamme aus Mürringen. Das war früher ein typisches belgisches Holzrückerdorf. Es gab dort 20 Pferde."

Bis zu 25 Tonnen kann jedes Tier am Tag bewegen. Dabei ist es fest an der Kandare: „Hü" heißt zurück, bei „hot" geht's nach rechts. „Har": Ab nach links. Die Treuen gehorchen aufs Wort, werden über Gräben und quer gefallene Stämme dirigiert, ziehen durch schmale Engstellen, vorbei an wucherndem Gestrüpp. Ein Knochenjob für Mensch und Tier – ein schlecht bezahlter dazu: „Wir bekommen einfach zu wenig für unsere Einsätze", sagt Rauw. „Wenn man bedenkt, dass ich im ganzen Umland bis hin nach Luxemburg und Deutschland unterwegs bin. Das ist schon hart. Schließlich müssen bei uns nicht nur Maschinen gewartet, sondern auch Tiere gefüttert werden."

Gute Nachbarn helfen der Natur

So etwas wäre für Freddy Pauels, Chef der Firma Belwood, undenkbar. Bewusst hat er die kleine Sägerei seines Vaters zum Großbetrieb ausgebaut: „Die Konkurrenz wurde immer mächtiger. Da musste ich mich entscheiden: Klein bleiben oder expandieren." 1988 wagte er den Sprung ins Industriegebiet Kaiserbaracke bei Amel, wo sich zwischen Fichtenriesen Flächen ausbreiteten, die der Phantasie viel Raum boten. Das meinte auch Holzhändler Jürgen Niessen. Seite an Seite mit Pauels siedelte er sich hier an.

Heute duftet es hier nach frisch geschlagenem Holz. Tag und Nacht fahren Laster zur Sägerei Belwood. Rinden, Stämme, Äste säumen den Weg. Bagger fressen sich in Späne. Bis zum Horizont: Holz, Holz, Holz.

Hier wird in ganz großen Dimensionen gedacht; für viele Orte in Europa produziert. Jeder konzentriert sich auf seine Kernkompetenz: Ist im Sortierzentrum Niessen das Rundholz sortiert und geschichtet, wird es in Polter gefüllt und zum Nachbarn Belwood geschafft, wo sich die Säge – genau programmiert – durchs Holz frisst.

Die Symbiose von Belwood und Holzhändler Niessen hatte weit reichende Folgen. Die Umsätze stiegen um das zwanzigfache – und weckten Lust auf mehr: Genervt von hohen Energiepreisen, suchten die Unternehmer weitere Sparmöglichkeiten - und fanden exotische Nachbarn: Gleich hinter den Holzunternehmen recken sich heute die grauen Türme des Biomassekraftwerks Renogen in die Höhe.

„Trocknen, Hobeln, Verleimen: Für alles wird Energie benötigt; thermische und elektrische", erklärt Freddy Pauels. „Früher haben wir mit Dieselstromaggregaten gearbeitet, weil das Leitungsnetz uns nicht ausreichend versorgen konnte. Dann haben wir die Renogen AG entdeckt. Sie verbrennt unsere Biomasse und erzeugt daraus Strom, der unseren Holzfirmen zugeliefert wird. ▶

Punktgenau programmiert frisst sich die Säge durchs Holz; ein Arbeiter kontrolliert die zugeschnittenen Bretter: Im Sägewerk Belwood wird für ganz Europa produziert.

Die Treuen gehorchen aufs Wort, werden über Gräben und quer gefallene Stämme dirigiert, ziehen durch schmale Engstellen, vorbei an wucherndem Gestrüpp: Stefan Rauw mit seinem belgischen Kaltblüter Bijou.

S. 146/147: Im 24-Stunden-Takt wird Holz geschnitten, auf Waggons geladen und durch den Trockenkanal gezogen: Die Betriebe der Holzverarbeitung im Industriegebiet Kaiserbaracke bei Amel produzieren 100.000 Kubikmeter pro Jahr.

Weil es sogar noch überschüssige Energie gab, haben wir auch Delhez Bois mit ins Boot geholt, ein Hobelwerk, das Pellets herstellt und von unseren Abfällen profitiert. Für Belwood ist die Energiefrage so gut gelöst, dass wir uns einen hochmodernen Trockenkanal leisten können, den ersten seiner Art in Belgien. Die Wärme, die wir benötigen, beziehen wir ausschließlich von Renogen." Im 24-Stunden-Takt wird Holz geschnitten, auf Waggons geladen und durch den Trockenkanal gezogen. Sieben Tage die Woche. Vollautomatisch. 100.000 Kubikmeter pro Jahr.

Logistik mit Modellcharakter - mitten im holzreichen, grünen Ostbelgien. Allerdings: Im Gesamtkanon der Industriebetriebe spielt die Branche nur eine geringe Rolle: Weniger als ein Prozent der Arbeitnehmer sind hier beschäftigt. Der Standort hat eine ganz andere Besonderheit: Die Vielfalt: „Unsere Region ist geprägt durch rund 2000 unterschiedlichste kleine und mittelständische Unternehmen", sagt Marc Langohr, Geschäftsführer der Wirtschaftsförderungsgesellschaft Ostbelgiens (WFG). „Das hat Vorteile. Wenn ein Sektor von einer Krise betroffen ist, leidet nicht die gesamte Region darunter."

Auch die Unternehmen selbst sehen Vorzüge - vor allem durch die gute geographische Lage. Als Nachteile beklagen sie - wie eine Besichtigung von 56 Betrieben durch Beschäftigungsminister Bernd Gentges gezeigt hat – den Facharbeitermangel, dem durch Pendlerströme aus der Wallonie und Deutschland begegnet werden muss.

Kabel, Kunststoff, kluges Kalkül

Rund 70 Prozent der ca. 15.300 Arbeitnehmer der Deutschsprachigen Gemeinschaft sind im Dienstleistungsbereich tätig. Im verarbeitenden Gewerbe sind rund 29 Prozent. Mit Abstand größter Arbeitgeber Ostbelgiens sind die Kabelwerke Eupen AG. Wie ein graues Meer legen sich die Dachflächen über eine 152.000 Quadratmeter große Senke an den Ufern der Weser. Rund 950 Angestellte und Arbeiter sind in drei industriellen Schwergewichten angesiedelt; im Kabelwerk, im Kunstschaumwerk und im Kunststoffrohrwerk. Unangefochten regiert hier seit Jahrzehnten Firmenchef Alfred Bourseaux.

Wer ihn in dem schlichten Direktionsgebäude besucht, spürt den Geist alter Unternehmertradition. Sie zeigt sich in Holz getäfelten Wänden und Meisterwerken wie einem Gemälde von Max Liebermann, auf dem Seile windende Mädchen in diffuses Licht getaucht sind und das an die Anfänge des Unternehmens im Jahr 1747 erinnert, als in einer bescheidenen Werkstatt Seile und Taue hergestellt wurden.

Oben: Unangefochten regiert Firmenchef Alfred Bourseaux.

Rechts: Wie ein graues Meer legen sich die Dachflächen der Kabelwerke über eine 152.000 Quadratmeter große Senke an den Ufern der Weser.

Alfred Bourseaux ist ein Patron in ganz konventionellem Sinne: Auch im Alter überlässt er nicht Managern das Handwerk, sondern er behält selbst die Zügel in der Hand. Mit Erfolg: 2006 kletterte der Umsatz des Kabelwerks Eupen AG erneut um 36 Prozent auf 332 Millionen Euro. Der Reingewinn lag bei fünf Millionen.

Das ist kein Zufall: Schon in den 1970er Jahren entwickelte das Werk Sicherheitskabel für Kernkraftwerke – damals eine Novität. Das Kunstschaumwerk gehörte zu den ersten, die Schaumstoffe ohne die Ozonschicht schädigende Produkte herstellten. Das Rohrwerk gilt in Belgien als Marktführer für die Herstellung von Rohren aus PVC, PVC-C, ABS und PE. ▶

Hinter den mächtigen Mauern der ehemaligen Kammgarnwerke arbeitet heute die Forschungsabteilung Tag für Tag an der Entwicklung von Werkstoffen auf Grundlage neuester Nano-Technologien. Schon zwei Mal sind die Kabelwerke für ihre Innovationen mit internationalen Preisen ausgezeichnet worden. „Der Wettbewerb nimmt zu", sagt Alfred Bourseaux. „Dem müssen wir uns stellen. Unsere Mitarbeiter, die in engem Kundenkontakt stehen, behalten den Markt im Auge und unterstützen die Forschungs- und Entwicklungsabteilung mit Vorschlägen und Ideen."

„Ostbelgien ist das ideale Spielfeld"

Ähnlich zukunftsorientiert denkt auch NMC. Wenige Meter vor Eynatten liegt das Unternehmen ländlich-still, verziert von einer weitläufigen Teichanlage und auf den ersten Blick so idyllisch, dass niemand ahnt, welche Innovationskraft sich allein hinter der schlichten Halle der Entwicklungsabteilung verbirgt. Rund 40 Menschen sind hier ausschließlich damit beschäftigt, neue Ideen für die Kunststoffwelt zu kreieren.

NMC hat sich vor allem der Herstellung synthetischer Schaumstoffe verschrieben, und die hat jeder schon in der Hand gehabt: Balgen sich im Schwimmbad zwei Kinder um grell-bunte Schaumstoff-Schwimmstangen, die ihnen helfen, über Wasser zu bleiben, haben sie ihren Spaß mit einer Innovation aus dem Hause NMC. Tag und Nacht verschmelzen hier mächtige Anlagen Granulate und pressen sie vollautomatisch durch Formdüsen. Fröhliche Schwimm-Nudeln oder in allen Regenbogenfarben gestreifte Comfy-Sitzkissen werden auf diese Weise ebenso ausgespuckt und punktgenau zerschnitten wie Zierprofile oder Stuckleisten. Nonstop. Rund um die Uhr. 24 Stunden.

„Es ist schwierig, alles unter einen Hut zu kriegen", sagt Firmensprecherin Isolde Visé. NMC hat ein immens breites Spektrum: „Unsere Produkte werden in der technischen Isolierung ebenso genutzt wie in der Innen- und Außendekoration oder im Sport-, Freizeit-, Verpackungs- und Industriebereich." Selbst der Kunststoffkorken, wichtige Erfindung für alle Weinfreunde, ist aus einer Idee des Firmengründers Gert Noël geboren.

So viel Schöpfergeist trägt Früchte: NMC erwirtschaftete 2007 einen Umsatz von 160 Millionen Euro und beschäftigt 1200 Mitarbeiter an mehreren Standorten in Europa. Durch Übernahmen in Schweden und Norwegen konnte das Geschäftsfeld 2008 noch einmal erheblich erweitert werden. Der 1998 verstorbene Gert Noël, dessen Büste das Foyer des Unternehmens ziert, würde mit dieser Entwicklung zufrieden sein. In einer Garage in Hauset hat er in den 50er Jahren gemeinsam mit seiner Frau und einem Partner den heutigen Weltkonzern gegründet. Was zunächst als reine Verkaufsidee begann, wurde in den 70er Jahren zum weltweit ersten Unternehmen, das sich der Schaumextrusion verschrieb.

Weltneuheiten sind seitdem keine Seltenheit: Anfang 2008 hieß die Devise „NMC goes Outdoor". Auf der Brüsseler Baumesse Batibouw wurde „Nomawood" vorgestellt, eine Neuerung, die Holzterrassen den Rang ablaufen könnte. Denn NMC stellte sich der Tropenholz-Diskussion auf innovative Weise: Das Unternehmen bietet einen Terrassenbelag aus Kunststoff an, der hölzernen Vorlagen verblüffend ähnelt, aber – wie könnte es anders sein – nicht verwittert und zum Schutz der Tropenwälder beiträgt.

„Wir spielen in der ersten Liga", kommentiert der Präsident des ostbelgischen Allgemeinen Arbeitgeberverbandes, Ludwig Henkes, derlei Erfolgsgeschichten. „Das heißt: Wir müssen uns jeden Tag neuen Herausforderungen stellen. Wenn man in der vierten Provinzklasse spielt, kann man nicht mehr absteigen. In der ersten Liga ist man schnell in der zweiten Position. Diesen sportlichen Vergleich mag ich sehr, weil Erfolg immer auch etwas damit zu tun hat, dass man am Ball bleiben muss."

Ostbelgien ist seiner Meinung nach ein ideales Spielfeld. Die Arbeitslosenrate schwankt um 7 Prozent, während in der Wallonie 18 Prozent Arbeitslose registriert werden. Henkes: „Wir haben die Zweisprachigkeit, einen guten Sozialdialog und fleißige Menschen." Allerdings auch Grund zur Sorge: „Ich stelle fest, dass wir mit unserem Selbstbewusstsein manchmal meinen, wir könnten grundsätzlich alles besser – innerhalb Belgiens oder überhaupt." Das könne zu Fehlern führen, weil vieles, was hervorragend beherrscht wird, keiner gründlichen Prüfung mehr unterzogen werde: „Dann landet man rasch wieder auf dem Boden der Tatsachen." ▶

Fröhliche Schwimm-Nudeln oder in allen Regenbogenfarben gestreifte Sitzkissen werden ebenso ausgespuckt und punktgenau zerschnitten wie „Nomawood", ein innovativer Terrassenbelag: Business Development Manager Emmanuel Noel (hinten links), General Manager Benelux, Bernd Vorhagen, (hinten rechts) und Project Manager Robert Frères (vorne) arbeiten bei NMC an neuen Ideen für die Kunststoffwelt.

Es gibt einen Zusammenhang zwischen Arbeitswelt und Kunst: Ludwig Henkes, Präsident des Allgemeinen Arbeitgeberverbandes Eupen-Malmedy-St. Vith sowie Geschäftsführer und Inhaber der Firma Capaul (rechts), öffnet sein Unternehmen regelmäßig auch für künstlerische Darbietungen, unter anderem der Compagnie Irene K. (oben).

Kunst und Boeings

In seinem Unternehmen für Präzisionsmechanik und Sondermaschinenbau Capaul versucht er täglich, den Sinn der Arbeit neu zu definieren: „Mein Traum ist, dass Menschen, die morgens zur Arbeit kommen, etwas im Bauch verspüren, was ich mit Schaffensfreude umschreiben würde." Dieses Gefühl – davon ist er überzeugt – hat viel mit Kunst zu tun. Und das soll jeder sehen: Den Firmen-Eingang im Eupener Industriegebiet ziert ein Brunnen, geschaffen von Henkes früherem Zeichenlehrer Helmuth Breuer, und am Parkplatz steht eine Skulptur aus Zahnrädern, Schrauben, Rohren, die der in Hauset lebende Künstler Antonio Maró gemeinsam mit Capaul-Mitarbeitern gebaut hat.

Als Aushängeschild gibt es jedes Jahr einen Kalender, gestaltet von einem Künstler der Region, und manche Kulturveranstaltung wird von der Firma Capaul gesponsert. „Es ist faszinierend zu sehen, wie Künstler arbeiten. Welche Freude sie dabei haben", sagt Ludwig Henkes. „Es gibt einen Zusammenhang zwischen Arbeitswelt und Kunst. Wir bei Capaul betrachten uns auch als Künstler. Denn: Kunst kommt von Können."

Rund 50 Angestellte arbeiten nach seinem Motto „Präzision durch Schaffensfreude". 30 Prozent ihres Know-hows dienen der Flugzeugindustrie: Statistisch gesehen, startet weltweit alle drei Sekunden eine Boeing oder ein Airbus mit Bauteilen von Capaul. Aber auch für die Bahn, die Autoindustrie, die Medizintechnik und den Kompressorenbau fertigt das ostbelgische Unternehmen Präzisionsteile nach den immer gleichen Prinzipien: höchste Genauigkeit, Termintreue und leistungsgerechte Kosten. „Das zeichnet uns aus – gerade auf dem wallonischen Markt", sagt Ludwig Henkes lächelnd. Seit er das 1868 von Eugen Graaf im Eupener Ortsteil Hütte gegründete Unternehmen vor rund 20 Jahren übernommen hat, nähert sich der jährliche Umsatz der Neun-Millionen-Marke. Eine Erfolgsgeschichte, in deren Mittelpunkt – davon ist Henkes überzeugt – die Menschen in seinem Betrieb stehen.

„Die gute Zusammenarbeit zeigt sich im Erfolg", sagt er. Und in ungewöhnlichen Strukturen: Bei Capaul wird in drei Schichten gearbeitet, ohne Meister oder Schichtleiter. Jeder ist auf sich allein gestellt und damit verantwortlich für Präzision und Qualität. „Das gehört zu unserer Firmenphilosophie", sagt Henkes. „Wir wollen unsere Mitarbeiter fordern und fördern." ▶

Gespür für gute Geschäfte

Wer glaubt, eine Marktlücke entdeckt zu haben, findet in Ostbelgien schnell den richtigen Partner: Die Wirtschaftsförderungsgesellschaft Obstbelgien (WFG) geht individuell auf die Ideen von Existenzgründern und Betrieben ein. Auch ausländische Unternehmen, Gemeinden und Institutionen finden hier ein offenes Ohr. „Wir sind die zentrale Anlaufstelle für Anliegen und Fragen rund um das Thema Wirtschaft in Ostbelgien", sagt WFG-Geschäftsführer Marc Langohr. „Wir veranstalten Informationsveranstaltungen für Existenzgründer, laden zu individuellen Gesprächen ein, koordinieren und gestalten betriebsübergreifende Initiativen und beraten die hiesige Firmenwelt über Beihilfen und sonstige Anreize."

Ziel der WFG ist es, Ostbelgien zu einem wettbewerbsfähigen Standort für Industrie, Handel und Gewerbe auszubauen. In Zusammenarbeit mit der Regierung der Deutschsprachigen Gemeinschaft, mit Gemeinden, der Risikokapitalgesellschaft Ostbelgieninvest AG, der Industrie- und Handelskammer sowie ostbelgischen Wirtschafts- und Sozialpartnern setzt sich die WFG für eine dynamische Wirtschaftsförderung ein: „Von der Erarbeitung des Geschäfts- und Finanzplans bis zur Begleitung während der ersten drei Gründungsjahre reicht unser Service beispielsweise für Existenzgründer", sagt Marc Langohr. Bereits bestehende Firmen können mit Hilfe der WFG zinsgünstige Darlehen oder öffentliche Fördermittel beantragen. Auch bei Exportfragen steht die WFG Unternehmen mit Rat und Tat zur Seite.

Im Bereich der Land- und Stadtentwicklung arbeitet die WFG mit den Gemeinden zusammen und erarbeitet u.a. die so genannten Programme der ländlichen Entwicklung. Im Rahmen des Leader-Programms der EU entstehen Initiativen in den Bereichen Holz, Tourismus, Landwirtschaft und Naturerbe. Auch die grenzüberschreitende Arbeit spielt eine wichtige Rolle: „Im Rahmen der Interreg-Programme der EU arbeiten wir an grenzüberschreitenden Projekten mit", sagt Marc Langohr. „Der Grund: Angesichts unserer geographischen Lage spielen grenzüberschreitende Kooperationen eine wichtige Rolle. In der Zusammenarbeit liegt unsere Zukunft."

Lehmhütten und Paläste

So viel Miteinander bei guter Arbeitsmarktlage war in den vergangenen Jahrhunderten ein Traum vieler: Noch vor 200 Jahren hackten sich die Menschen dieser Gegend auf kargen Äckerchen durchs Leben. Abgesehen vom Zwergstaat Neutral Moresnet rund um ein lukratives Zinkerz-Bergwerk, das von 1816 bis 1919 viele Arbeiter rekrutierte, gab es im heutigen Ostbelgien seit dem Mittelalter nichts anderes als Landwirtschaft, die die Menschen kaum ernährte. Armselig waren die Dörfer. Großfamilien hausten in strohgedeckten Hütten aus Holz und Lehm.

Einzig in Eupen zeigte sich ein anderes Bild. Hier preschten vierspännige Kutschen durch die Straßen. Sänftenträger hievten ihre Herrschaften durch die Stadt zu Wohnhäusern – prächtig wie Paläste. Tore und Fenster waren mit Blaustein gerahmt, Flure schimmerten im Glanz Delfter Kacheln, Stuckreliefs schmückten die Decken und die Holztreppen schwangen sich in mächtigen Ovalen in die Höhe. Im Jahr 1796 regierte die Wolle Eupen so eindrucksvoll, dass Industriespione Unglaubliches berichteten: „In Eupen befinden sich an die 60 Fabrikanten und 1500 Tuchscherer", schrieb ein anonymer Beobachter. „Durch diese Manufaktur werden sehr beträchtliche Summen in diese Gegend geschafft und der Wohlstand blickt überall hervor." Die Eupener Tuchmacher wurden zu Patriziern, die an den europäischen Adelshöfen gern gesehene Gäste waren und ihr Tuch in alle Welt verkauften.

Bis zum 18. Jahrhundert ließen sie ausschließlich in Heimarbeit weben und spinnen. Rund 5070 Menschen lebten von der Tuchmanufaktur. Allerdings mussten sie sich mit einem Hungerlohn begnügen, denn die Tuchmacher waren knauserig. Der Leiter des ostbelgischen Staatsarchivs, Prof. Dr. Alfred Minke, erzählt von Lohndiktatur, Streik- und Versammlungsverboten, fristlosen Kündigungen aus nichtigen Gründen und Aufständen der Arbeiter, die nur mit Mühe unterdrückt werden konnten. Heute ist Eupens Tuchgewerbe Geschichte. Was im 14. Jahrhundert mit der Herstellung grober Gewebe begonnen hatte, und im 18. Jahrhundert mit dem Vertrieb feinster farbiger Tuche in alle Welt zu voller Blüte reifte, ging Mitte des 20. Jahrhunderts zu Ende. Die Eupener Tuche waren nicht mehr konkurrenzfähig.

Noch immer wird gewebt

Allerdings: Es gibt in Ostbelgien noch immer zwei Firmen, die auf den Webstuhl setzen: AstenJohnson in Eupen und die Heimbach Specialities AG in Kelmis. Während sich das 1885 von Oscar von Asten gegründete Unternehmen überwiegend auf die Herstellung von Trockensieben für die Papierindustrie konzentriert, hat das Kelmiser Haus neben seinem Kerngeschäft, der Papiermaschinenbespannung, weitere Produkte im Angebot: Heimbach Specialities produziert Presspolster für die Herstellung von oberflächenveredelten Spanplatten und Laminatfußböden, Faserzementfilze, technische Gewebe und Prozessbänder für die chemische Industrie. ▶

Ein Blick in die weitläufigen Hallen schärft das Bewusstsein für mächtige Dimensionen: Computergesteuert gewebte Papiermaschinenbespannungen sind bis zu 120 Meter lang. Die Nahtfertigung ist dagegen noch immer Handarbeit.

Vom Kakaobaum über das Rösten der Bohnen bis hin zur Schokoladen-Herstellung wird alles erklärt, was kleine und große Schleckermäuler interessiert: Schokoladen-Produktion (oben) und -Verkauf (rechts) in der 1896 gegründeten Chocolaterie Jacques.

S. 158-159: Im Garten der Düfte schnuppern Spaziergänger das feine Mandarinenaroma der Tagetes oder den Kakaogeruch der Schokoladenkosmee: Die Firma Ortis in Elsenborn hat sich den Kräutern von Mutter Natur verschrieben.

Ein Blick in die weitläufigen Hallen, malerisch gelegen am Rande eines Weihers, schärft das Bewusstsein für mächtige Dimensionen. Ein Webstuhl ist hier leicht 17 Meter breit. Garnrollen, groß wie Bierfässer, spenden unermüdlich Fäden. Computergesteuert gewebte Papiermaschinenbespannungen sind bis zu 120 Meter lang und mehr als elf Meter breit. Der Hintergrund: Moderne Papierherstellung ist High-Tech. Während sich das Papier in der Siebpartie bildet, wird den Bahnen Wasser entzogen. Pressenfilze entfernen zwischen gewaltigen Walzen weitere Wasseranteile. Trockensiebe führen das Papier schließlich um eine Vielzahl beheizter Zylinder: Es trocknet nahezu komplett aus.

Für all diese Vorgänge fertigt die Heimbach Specialities AG Gewebe. „Wir sind auf die Umsetzung besonderer Kundenwünsche spezialisiert", sagt Geschäftsführer Dr. Ralf Kaldenhoff, der das 1874 als „Filztuchfabrik R. Bruch & Cie AG" gegründete Unternehmen seit rund neun Jahren leitet. So wird beispielsweise die riesige Nadelmaschine genau nach den Vorstellungen des Kunden programmiert: Sie verbindet das Gewebe, das wie ein orangefarbenes Meer zwischen den Rollen wogt, mit der Vliesauflage vollautomatisch zu einer Einheit. Die synthetischen Fasern und Garne entsprechen den neuesten Erkenntnissen.

Doch so gigantisch das Werk der Maschinen auch ist: Die Nahtfertigung ist nach wie vor Handarbeit. Gerade einmal 30 Zentimeter eines 5,25 Meter breiten Trockensiebes können in einer Stunde bearbeitet werden – von einer Arbeiterin, die in der Weite der Fabrikhalle einsam Faden auf Faden durch die Nahtmaschine zieht. Eine Arbeit, die höchste Präzision und Konzentration erfordert. Firmentreue wird groß geschrieben. Einige der 162 Mitarbeiter gehören bereits der vierten „Heimbach-Generation" an. „Unsere Leute wissen genau, worauf es ankommt, welche Qualität auf dem Markt erwartet wird", sagt Dr. Kaldenhoff. „Das ist der einzige Garant, bestehen zu können. Wir sind nur erfolgreich, wenn wir uns ständig mit neuen Produkten und Produktionen auf die Zukunft ausrichten. Und wenn wir sehr sorgfältig arbeiten."

Ständig wird nach Verbesserungen der Herstellungsverfahren und der Produktion gesucht. Dabei können sich die Kelmiser Spezialisten auf die Heimbach-Group in Düren stützen, die das Werk 1970 erworben hat. Die Fusion erleichtert die Modernisierung des Maschinenparks, schließlich müssen für einzelne Anlagen Kosten von 5 bis 7 Millionen Euro eingeplant werden. Aber die Investitionen haben sich gelohnt. Die Geschäftsfelder konnten ständig erweitert, weitere Werke in Deutschland, England, Italien erworben werden. Mit 21 Millionen Euro erzielte allein die Heimbach Specialities AG in Kelmis 2007 einen Umsatzrekord.

Geistreiche Ehe von Birne und Apfel

Auf Rekordjagd ist auch Radermacher, idyllisch in einem Bruchsteinhaus am Rande von Raeren gelegen. Gegründet 1836, erzeugt eine der ältesten Brennereien Belgiens Schnäpse, Brände und Liköre in fünfter Generation. 2007 wurden 550.000 Flaschen abgefüllt – mehr als je zuvor. Doch Geschäftsführer Bernard Zacharias, der den Familienbetrieb vor 18 Jahren übernommen hat, will mehr: „Ich kann gar nicht so viel umsetzen, wie ich Ideen habe".

Renner der letzten Jahre ist der Waldfrüchte-Aperitif – vielseitig einsetzbar und bei jungen Leuten voll im Trend. Er lässt sich mit Red Bull mixen, kann aber auch mit seinem feinen Aroma in jedem Sternerestaurant ein Glas Champagner abrunden. Die schmalen, schwarzen Flaschen sind äußerst elegant. Das ist genau nach dem Geschmack von Bernard Zacharias: „Wir verkaufen nicht nur Produkte. Wir legen auch größten Wert auf gutes Design und haben viel Geld in die Ästhetik gesteckt."

Unter diesen Vorzeichen wird eines der jüngsten Produkte der alten Firma vermarktet: „O d'Aubel", ein Obstbrand, für den sich die Conference-Birne mit dem Jonagold-Apfel vermählt. Die frischen Früchtchen stammen allesamt aus dem Aubeler Land, berühmt für seine Obstbäume. „Wir wollten etwas Einheimisches auf den Markt bringen", sagt Zacharias. „Nun bieten wir hiesigen Obstler an – sehr geschmeidig, nicht aggressiv, absolut typisch." Doch nicht nur mit Bränden macht Radermacher von sich reden. Ende der 90er Jahre präsentierte das Unternehmen die in Flaschengärung nach alter Väter Sitte gebrauten Rader-Biere mit Korn- und Wachholderbeerendestilaten. Allerdings: „Rader Ambrée" und „Rader Blonde" stoßen in erster Linie im Ausland auf Interesse. Selbst aus Kanada und Japan kommen Nachfragen. In Belgien selbst ist die Konkurrenz groß. „Unser Kerngeschäft ist eben die Brennerei", sagt Zacharias.

Und die soll erweitert werden. Auf dem Firmengelände, das den Blick übers grüne Raerener Land öffnet, entsteht eine neue 800 Quadratmeter große Halle für eine vollautomatisierte Brennanlage und eine neue Abfüllstation.

Hierhin will Zacharias auch Touristen mit feinen Nasen und Sinn für einen Klaren führen. Sie sollen vom Getreide- oder Obstanbau bis hin zur Verpackung die gesamte Produktion eines Schnapses erleben können.

Süße Verlockungen

Was für ihn noch Zukunftsmusik ist, hat die 1896 gegründete Chocolaterie Jacques längst umgesetzt: Hier machen Tag für Tag Busse einen Stopp. Damen und Herren in geblümtem Freizeitoutfit streben zum Eingang - in der Hoffnung, mitten im Eupener Industrieviertel von süßen Verlockungen verführt zu werden. „Unsere preiswerte Bruchschokolade ist ein Renner", lacht die Verkäuferin in der Schoko-Boutique. „Wir kommen mit dem Eintüten kaum nach." Kein Wunder: Schon der Rundgang durch das Schokoladenmuseum weckt die Lust auf Schokolade.

Vom Kakaobaum über das Rösten der Bohnen bis hin zur Schokoladen-Herstellung wird hier alles erklärt, was kleine und große Schleckermäuler interessiert. Historische Formen, Verpackungen und Maschinen erzählen von der Geschichte der Schokoladenherstellung. Und keiner der Besucher lässt es sich nehmen, den Mitarbeitern der Schokoladenfabrik über die Schultern zu schauen: Über einen luftigen Steg führt der Weg über die Köpfe der Mitarbeiter hinweg mitten in die Produktionshalle, wo Tafeln und Riegel, Weihnachtsmänner, Ostereier oder -hasen vom Band purzeln und in ihren Verpackungen verschwinden. ▶

Trumpf Mehrsprachigkeit

Vier Fragen an Robert Nelles, Direktor des Arbeitsamtes der Deutschsprachigen Gemeinschaft

Wie ist die Arbeitsmarktsituation in Ostbelgien und welchen Trend können Sie derzeit erkennen?
Die Arbeitsmarktsituation in der Deutschsprachigen Gemeinschaft stellt sich recht positiv dar. Es gibt mit 64% eine deutlich höhere Beschäftigungsrate als im belgischen Landesdurchschnitt, mit plus 25% eine außerordentliche Beschäftigungszunahme in den letzten 30 Jahren und mit 7% im Schnitt eine niedrige Arbeitslosenquote, die in einigen Gemeinden gar unter 3% liegt. Ich sehe keine Anzeichen dafür, dass sich dieser positive Trend umkehren würde.

Was sind die größten Probleme für die Firmen in Ostbelgien?
Das größte Problem in den kommenden Jahren dürfte der steigende Bedarf an qualifizierten Arbeitskräften werden. Die demographische Entwicklung lässt ab 2020 ernsthafte Engpässe erkennen, die bereits heute im Süden unserer Gemeinschaft spürbar sind. Dies ist meines Erachtens die größte Herausforderung für die DG. Jetzt schon müssten die entsprechenden Weichenstellungen vorgenommen werden.

Auf welche Qualitäten und Vorteile können Sie in der Region setzen?
Die Mehrsprachigkeit war in der Vergangenheit immer eine der Stärken und Besonderheiten unserer Bevölkerung. Diese gilt es auch in Zukunft ohne Qualitätsverluste sicherzustellen. Die hohe Mobilitätsbereitschaft ist ein weiteres Markenzeichen unserer Region (35% der aktiven Bevölkerung arbeiten außerhalb der DG). Unsere Arbeiter und Handwerker gelten im In- und Ausland als extrem fleißig und stehen für Qualitätsarbeit. Ein gesundes Sozialklima war bislang auch immer ein wesentliches Merkmal unserer Gegend.

Wie sehen die Perspektiven für die Wirtschaft in Ostbelgien aus?
Unsere Industriebetriebe sind stark exportorientiert und unsere Handwerker und Baubetriebe sind auf ausländischen Märkten sehr aktiv; also auch stark vom Geschehen außerhalb unserer Gemeinschaft abhängig. Als Grenzregion können wir nur davon profitieren, wenn es unseren Nachbarn gut geht. Auch sind unsere Betriebe im Vergleich zu anderen Betrieben ihrer Branche finanziell recht gesund und innovativ. Wenn es uns gelingt, die oben erwähnten Vorteile zu verteidigen und auszubauen, dann stehen die Ampeln zweifelsfrei auch weiterhin auf Grün.

Im Garten der Düfte

Ist es bei der Chocolaterie Jacques der Geschmack, der die Gäste überzeugt, setzt die Firma Ortis in Elsenborn auf Duft. In ihrem malerischen Herba Sana Gesundheitsgarten dürfen die Spaziergänger im Garten der Düfte unter romantischen Rosenbögen das feine Mandarinenaroma der Tagetes oder den Kakaogeruch der Schokoladenkosmee schnuppern. Scharen von Busausflüglern haben ihre Nasen schon tief in die zart nach Weihrauch duftenden Blüten der Rosa primula getaucht und richtig bemerkt, dass Salbei einen feinen Ananas-Geruch verströmt. Auch im Garten des Fühlens, im Garten der Farben, im Garten der Geschmäcker und im Bienengarten gehen tagtäglich Ausflügler spazieren, die tasten, schmecken, riechen, sehen und lernen wollen. Derweil wird in den modernen Laboratorien von Ortis die Heilkraft der Kräuter freigesetzt. Biologen, Agronomen, Mediziner, Ernährungsberater, Pharmazeuten und Kräuterkundler arbeiten hier Hand in Hand. Seit 50 Jahren macht sich die Firma einen Namen mit Nahrungsergänzungsmitteln auf pflanzlicher Basis und bietet für viele Zipperlein eine Lösung: Früchte und Fasern sollen gegen Darmträgheit helfen, Ginseng wird gegen Müdigkeit gereicht, „Red Energy" verhilft zu besserer Vitalität, Knoblauch bringt den Kreislauf in Schwung, Sojalezithin dient der Cholesterin-Senkung und Almarin ist gut für die schlanke Linie.

„Der Schlüssel zum Erfolg sind unsere Mitarbeiter, zwei Drittel davon Frauen", sagt der Chef Michel Horn. Seit 1976 führt er das Unternehmen, das in seinen Anfängen eng mit den politischen Wirren der Region verknüpft war: In der Preußenzeit baute das Militär ein Exerzierlager in Elsenborn und Großmutter Horn beschloss, sich genau dort niederzulassen, um am Lagereingang eine kleine Herberge zu eröffnen. Als die Gegend mit dem Versailler Vertrag belgisch wurde, versuchte ihr Enkel Adolphe, den Unterhalt seiner Familie mit einem Sägewerk zu sichern, aber viel mehr faszinierten ihn Naturprodukte. Die Bekanntschaft mit dem französischen Imker Alin Caillas brachte ihn auf die Vorzüge von Pollen: Er kreierte 1958 ein Elixier auf Gelée-Royale-Basis, das den Grundstein für die Laboratoires Ortis legte und noch heute in einer höher konzentrierten Zusammensetzung zum Sortiment zählt. Da man mit der Zeit geht, heißt es nun „Force Pure".

Seit den bescheidenen Anfängen hat sich Ortis in direkter Nachbarschaft der Panzer des Truppenübungsplatzes Elsenborn den Kräutern von Mutter Natur verschrieben. Mit großem Erfolg: In den letzten zehn Jahren konnten Umsatz und Personal verdreifacht werden. 2007 kletterte die Kurve auf fast 25 Millionen Euro. 80 Prozent der Produkte werden in mehr als 35 Länder exportiert. Und ständig kommen neue Ideen hinzu: Der jüngste Streich der Ortis Laboratorien ist die „Akademie für Phytokompetenz", ein Schulungszentrum, in dem das Wissen über die Verwendung von Pflanzen und ihrer Derivate vermittelt wird.

Ein Firmenriese leistet Feinarbeit

Ideen, Ideen: Das ist auch das Geheimnis eines Unternehmens am Ortsrand von Büllingen. Die Faymonville-Gruppe hat es mit fast 600 Mitarbeitern und einem Umsatz von 165 Millionen Euro im Jahr 2007 zu einem der industriellen Schwergewichte Ostbelgiens gebracht.

Was Anfang der 60er Jahre in einer Schmiede und mit dem Verkauf von Landmaschinen begann, hat sich zu einer eindrucksvollen Produktionsstätte für Tieflader aller Art entwickelt. Noch immer wird die AG als Familienunternehmen geführt – von Geschäftsführer Alain Faymonville und Produktionsleiter Yves Faymonville, der beharrlich nach Verbesserungen der technischen Verfahren sucht. „Wir sind innovativ", sagt Firmensprecherin Nadine Reynartz, „Das heißt: Wir versuchen, der Nachfrage auf dem Markt gerecht zu werden."

Ein Beispiel: Transportunternehmer brauchen leichte Fahrzeuge, denn der Gesetzgeber schreibt vor, dass der gesamte Zug eine bestimmte Tonnen-Anzahl nicht überschreiten darf. Ist der Transport schwerer, muss gegen Bezahlung eine Ausnahmegenehmigung eingeholt werden. Dieser Vorschrift begegnet Faymonville mit dem Euromax, einer neuen Produktserie von leichteren Tiefladern, die dennoch robust und belastbar sind. Zudem geht Faymonville auf besondere Kundenwünsche ein. „Wir haben Modelle, aber innerhalb jeder Modellserie sind viele Varianten möglich", sagt Nadine Reynartz. „Unterschiedliche Achsanzahl, verschiedene Höhen und Längen: Wir versuchen, eine Standardisierung einzubringen, aber dennoch fast jeden Kundenwunsch zu erfüllen."

Diese Flexibilität hat dazu geführt, dass Faymonville von seinen drei Werken in Büllingen, Lentzweiler in Luxemburg und Polen aus ganz Europa und Teile von Russland beliefert. „Und in England sind die Brücken höher als hier. Die brauchen deshalb nicht so niedrige Fahrzeuge. So haben viele Länder ihre Besonderheiten", sagt Nadine Reynartz. Auch wer eine Windkraftanlage, einen Turm oder einen Kran transportieren will, kann sich von Faymonville helfen lassen: Bis auf eine Länge von 48 Metern lässt sich beispielsweise der Tieflader Multimax ausziehen. Genauso effizient arbeitet der Firmenriese aber auch für einen Kleinbetrieb wie den von Stefan Rauw. Wenn der Holzrücker seine Kaltblüter Bijou und Bello zu einem Arbeitseinsatz transportieren muss, führt er sie in ein speziell angefertigtes Fahrzeug von Faymonville.

Dann stehen seine Pferde in ihrer Box gleich hinter dem Fahrerhäuschen und haben hinter sich einen Tieflader, auf dem eine Rückemaschine transportiert werden kann. Mensch, Tier und Maschine schnurren gemeinsam auf einem roten Laster über den Asphalt. Morgens um acht: Wenn ein Arbeitstag beginnt – in Ostbelgien. ◂◂

Mit fast 600 Mitarbeitern und 165 Millionen Euro Jahresumsatz ein industrielles Schwergewicht Ostbelgiens: Blick in eine Werkhalle des Tiefladerproduzenten Faymonville in Büllingen.

S. 162-163: Produkte aus Ostbelgien erreichen Märkte in der ganzen Welt: der Grenzübergang Lichtenbusch.

Die Kraft der Kontraste

Das „BTW Bureau Technique Wintgens" an der Neustraße in Eupen war ein Unternehmen der Gegensätze. Die florierende Firma für meteorologische Hochtechnologie ruhte auf dem soliden Fundament der väterlichen Gießerei, hielt die Balance zwischen Tradition und Aufbruch und war das exakte Abbild ihres Chefs Hans Wintgens, der den Erfolg liebte, ihm jedoch nicht verfiel. Zugleich symbolisierte sie ein Stück Ostbelgien-Geschichte.

Die vom Großvater Johann Wintgens gegründete und vom Vater geführte Gießerei geriet im 20. Jahrhundert in den Sog der Kriegskonjunktur. Der 1914 geborene Hans Wintgens trat früh deren Nachfolge an und lernte zu schuften. Nie hat der Musikliebhaber die raue Lehrzeit vergessen. Nach dem Abitur verhinderte der Tod des Vaters das ersehnte Studium. Stattdessen musste er sich die groben Flüche an den Öfen anhören und seiner Mutter beistehen. An Pflichtbewusstsein hat es ihm nie mehr gefehlt.

Hans Wintgens war ein Selfmademan. Vor Ausbruch des Zweiten Weltkrieges hatte er das Gießereihandwerk so gut erlernt, dass die Firma nicht nur überleben konnte, sondern Aufträge der Wehrmacht erhielt. So wurde er „für die Kriegsproduktion unabkömmlich" und blieb vom drohenden Fronteinsatz verschont.

Begeistert von Aufbrüchen hatte er als Halbwüchsiger für die neuen Machthaber geschwärmt. Doch war er klarsichtig genug, die Gefahr zu wittern. Sein Schwiegervater, der Polizeikommissar Fritz Hennes, wurde am Tag des Einmarsches, am 10. Mai 1940, von den Nazis in „Schutzhaft" genommen und verschwand bald für immer im KZ Oranienburg. Der Lebenslauf von Wintgens begann ein sehr ostbelgischer zu werden. Der Euphorie folgte die Ernüchterung, jedoch nicht die Resignation.

Die Gießerei an der Neustraße lieferte Gussstücke für den Bau der Eupener Talsperre, der größten Belgiens. Viele Kanaldeckel in der Stadt tragen noch heute die Firmenbezeichnung „Eisengießerei Joh. Wintgens". Drei Jahre nach Kriegsende erkannte der Unternehmer die Chance, belgische Dienststellen mit deutschen Fabrikaten der Messindustrie zu beliefern. Der sich mit wissenschaftlichen Fragen ebenso flink wie mit Gusseisen beschäftigende Wintgens hatte abermals eine gute Nase und avancierte zu einem der begehrtesten Lieferanten belgischer Wissenschaftsinstitute und Universitäten. Er änderte seinen Vornamen in „Jean E.", bald schon ein Synonym für Eupener Präzisionstechnik, die auf deutschen Fachmessen und in belgischen Hochschulen imponierte. Keine Frage, dass er sich Generalvertretungen deutscher Hersteller von Messinstrumenten in den Bereichen Meteorologie und Hydrologie sichern konnte. Bald war er in Belgisch-Kongo und in Japan unterwegs.

Zu Beginn der 60er Jahre wurde klar, dass es unmöglich war, die Gießerei und das „Bureau" gemeinsam weiterzuführen. Nach mehr als 100 Firmenjahren schloss die „Eisengießerei Wintgens" ihre Tore und wurde zum Werk für Messtechnologie umgebaut. Doch veranstaltete Hans Wintgens in diesem traditionsreichen Rahmen auch kulturelle Wochen und Kunstausstellungen. Der große deutsche Schauspieler Hans-Ernst Jäger rezitierte, wo einst das glühende Eisen in Sandformen floss, Brecht- und Hesse-Gedichte. Der Formel-1-Fahrer Jacky Ickx, ein Freund des Automobil-Fanatikers Wintgens, zeigte zwischen schwarzen Gussplatten seine Spitzenboliden.

Die Entdeckung der heiligen Caterina von Siena hat das Leben von Hans Wintgens noch einmal grundlegend verändert. Er bewunderte ihre Fraulichkeit und ihre Hingabe an die Kirche. Im ländlichen Astenet baute er ihr 1968 eine Kapelle, die noch immer Pilgerscharen anzieht. Als er im April 1988 im Alter von 74 Jahren starb, hatte sich ein rasanter Lebenskreis geschlossen. Sein Vermächtnis gilt für Ostbelgien: nicht im Kleinen verkümmern, sondern in vermeintlichen Gegensätzen die Chance für das Große erkennen.

Freddy Derwahl

GASTRONOMIE GASTRONOMY

Feinschmeckerglück in der Nische

Heinz Gensterblum

Der Duft, der aus der Küche in den schicken, jüngst renovierten Speisesaal dringt, mutet orientalisch an. Eric Pankert nutzt die Möglichkeiten, die ihm eine globalisierte Welt bietet: Der gerade zubereitete Wolfsbarsch kam fangfrisch aus der Bretagne nach St. Vith und wird auf einem pikanten Kokos-Chutney an asiatisch inspiriertem Chinakohlsalat handwerklich veredelt. Ein Genuss für den Gaumen, wie wir später beim Verzehr dieser Vorspeise feststellen werden.

Das Restaurant „Zur Post" in St. Vith ist seit drei Jahrzehnten die Visitenkarte der ostbelgischen Gastronomie. Von der lebhaften Hauptstraße aus strahlt seit 1977 der Michelin-Stern, das höchste Qualitätslabel der Restaurantkritiker, über die kulinarisch ohnehin verwöhnte Deutschsprachige Gemeinschaft. Das Haus entstand nach dem Zweiten Weltkrieg aus Ruinen. Schon Mitte des 19. Jahrhunderts gab es an dieser Stelle einen „Gasthof zur Post", doch wurde er bei der Ardennenoffensive 1944 praktisch dem Erdboden gleichgemacht. Erics Vater Arno Pankert hatte das gutbürgerliche Restaurant Mitte der 60er Jahre von seinen Eltern übernommen, nachdem er die Hotelfachschule in Lüttich besucht und erste Erfahrungen in großen Hotels in den Niederlanden und Luxemburg gesammelt hatte. Die Karte kam ohne Schnickschnack aus, die Produkte waren stets frisch. Das Geld verdiente die Familie ohnehin mit der Kneipe und den Tanzveranstaltungen. Denn in den 60er Jahren war die Gegend zwischen Kelmis und Ouren kulinarisches Niemandsland. Ein durchgebratenes Châteaubriand mit mehreren Gemüsebeilagen galt als Gipfel des Feinschmeckertums. Wer damals einen Hauch Haute Cuisine genießen wollte, der musste schon nach Lüttich fahren.

Der Jungkoch Arno Pankert aber hatte ehrgeizige Pläne. Er wollte seinen Gästen nicht nur frische Produkte vorsetzen, sondern deren geschmackliches Potenzial durch handwerkliches Geschick maximal ausschöpfen. Gesagt, getan. Er setzte Wild- und Entengerichte auf die Karte und gewann damit binnen weniger Jahre eine Kundschaft, die auch eine längere Anfahrt nicht scheute.

Doch das reichte ihm nicht. 1971 brach er zu einer Reise zu mehreren Drei-Sterne-Häusern Frankreichs auf – und war fasziniert von den Kombinationen und der Phantasie der großen Küchenchefs. Das war die Zeit, als die Kochkunst der Franzosen zum Exportschlager wurde. Oder, wie die New York Times schrieb: „Die klassische französische Küche gehört zu den schönen Künsten wie die Malerei und die Bildhauerkunst."

Künstler brauchen ihren kreativen Input. Sechs, sieben Häuser klapperte Arno Pankert in acht Tagen ab. „Anschließend habe ich Menüs aufgebaut, was für viele ein Schock war", erinnert er sich an die Anfänge seiner gehobeneren Küche. 1976 schloss er die traditionsreiche Kneipe, 1977 sah er sich für sechs Jahre Eifer belohnt: Der Guide Michelin verlieh dem Restaurant „Zur Post" einen ersten Stern. „Wir hatten gespürt, dass wir beobachtet wurden", erinnert sich der 1940 geborene Koch, der in der Folgezeit zahllose Auszeichnungen einheimste und sein Haus zum Flaggschiff der ostbelgischen Gastronomie machte. Zum zweiten Mal überhaupt wurde damals ein Stern nach Ostbelgien vergeben. Der erste war dem „Chapeau rouge" verliehen worden, dem Restaurant des Kurhotels Pauquet in Eupen, das allerdings Mitte der 80er Jahre einem Supermarkt weichen musste. ▶

S. 170/171: Gehobene Gastronomie in Perfektion: Neben einer ausgezeichneten Küchenleistung besticht das St. Vither Restaurant „Zur Post" durch gediegenes Ambiente und erstklassigen Service.

Rechts: Eric Pankert führt nach seinen Lehr- und Wanderjahren im In- und Ausland das St. Vither Restaurant „Zur Post", das kulinarische Aushängeschild der Region.

Pankerts Ehrgeiz war aber noch nicht befriedigt. Der Getriebene feilte weiter an seinen Kreationen. Mit seinem kongenialen Partner Werner Wagner eroberte er 1989 den zweiten Stern. Damit hatte sich die „Post" als Ausflugsziel bei Feinschmeckern aus dem In- und Ausland fest etabliert. In St. Vith, fern des Trubels der kulinarischen Hauptstädte, erlebten Gourmets das Glück der Vollkommenheit. Arno Pankert hatte die Vorstufe zum Olymp der Branche – dem dritten Stern – mit einer klassischen Küche, seinem Willen und seiner Detailverliebtheit erreicht. Er passte sich zwar dem Wandel der Zeit an, ohne aber jedem Trend hinterherzulaufen. „Es gab auch bei uns einmal zwölf Gänge, doch haben wir ihre Zahl über zehn und acht auf sieben heruntergeschraubt", beschreibt Pankert heute den vorübergehenden Wahn, dem Gast möglichst viele Teller auftischen zu wollen. Aber auch der Geschmack veränderte sich, die Techniken in der Küche ebenso. Das Niedrigtemperatur-Garen kam auf, neue Grilltechniken wurden Standard.

Deko-Küche in Maßen

2000 verlor das Haus einen seiner zwei Sterne; wie immer in solchen Fällen, brachen damit 25 Prozent der Einnahmen weg. „Es klappte nicht mehr so. Es war wie bei einer Fußballmannschaft: Erschöpfung und Abwanderungen bringen die Balance durcheinander." Arno Pankert zog die Konsequenzen aus dem Rückschlag und legte die Küchenverantwortung ein Jahr später in die Hände seines Sohnes Eric: „Mit über 60 Jahren wusste ich, dass ich nicht mehr avantgardistisch sein kann." Der 33-Jährige übernahm das Ruder, nachdem er großen Küchenchefs in Paris, Düsseldorf oder New York über die Schulter geschaut hatte. Vor allem Joël Robuchon, neben Alain Ducasse und Pierre Gagnaire einer der größten französischen Köche der Gegenwart, hatte ihn während seines Aufenthalts im Pariser Restaurant „Jamin" nachhaltig beeinflusst.

Modern ja, aber nicht um jeden Preis: Eric Pankert bleibt der klassischen französischen Küche treu. Im Mittelpunkt seiner Gerichte stehen erstklassige Produkte. „Meine Philosophie lautet: Es muss schmecken."

Mit seinem Vater teilt der Sohn den Ehrgeiz. Zwar würde Eric Pankert auch ohne einen zweiten Stern gut, ja vielleicht sogar besser und vor allem entspannter über die Runden kommen, doch treibt ihn der Kampf um dessen Rückeroberung an, auch wenn er dies selber nicht gerne zugibt. Eric Pankert entstaubte die Karte ein wenig, ohne auf die Klassiker zu verzichten. Den „Hummersalat, lauwarm serviert an Himbeeressig-Vinaigrette auf fruchtigem Gemüse" gibt es auch heute noch. „Man kann den Teller zwar immer wieder etwas anders anrichten, doch kann ich die Vinaigrette nicht verändern, weil sie einfach zu gut ist", so der Sohn über ein Rezept seines Vaters.

Der Chef des St. Vither Gourmettempels orientiert sich zwar an der Moderne, aber er verzettelt sich nicht in Schäumen, Gelees oder heißem Eis. Im Gegensatz zu vielen anderen Spitzenköchen beschreitet er nur selten die Wege, die Lebensmittelchemiker oder Kochtüftler wie der spanische Molekulargastronomie-Papst Ferran Adria den Küchenchefs und Hobbyköchen der Welt geebnet haben.

Solange die Esskultur keinen Schaden nimmt, verfeinert er die Gerichte mit avantgardistischen Elementen, um sich dem neuen Stil in der Haute Cuisine nicht ganz zu verschließen und die Erwartungshaltung des einen oder anderen zeitgeistigen Deko-Essers zu erfüllen. In erster Linie bleibt der Ostbelgier aber der klassischen französischen Küche treu, wie sie der französische Meisterkoch George Auguste Escoffier (1846-1935) einst in seinem Guide Culinaire beschrieben hat.

„Meine Philosophie heißt: Es muss schmecken. Mit guter Ware kann man nicht viel falsch machen. Ich serviere keine panierten Schweinsohren oder platt geklopfte Krevetten, die mit Karamell zu Lutschstangen verarbeitet wurden", bringt Eric Pankert seine Philosophie auf den Punkt.

Wer avantgardistisch speisen möchte, ist im Restaurant „Le Postay" im Vervierser Vorort Wegnez besser aufgehoben. Dort hat Anthony Delhasse sich den überraschenden Geschmacksexplosionen verschrieben und führt eines der fünf übrig gebliebenen Sternehäuser in der Provinz Lüttich.

Dass ein guter Koch seine Kreationen kosten muss, sieht man Pankert nicht an. Der 1968 geborene Küchenchef ist gertenschlank. Nach dem Hauptgang schreitet er an den Tischen vorbei und erkundigt sich nach dem Wohlbefinden seiner Gäste. Jeden Tag kämpft er um deren Zufriedenheit und ärgert sich schwarz, wenn etwas die auf zwei Ebenen angelegte Küche verlässt, was nicht seinen Vorstellungen entspricht. Am Zunehmen hindert ihn schon sein angeborener Perfektionismus. ▶

Arno Pankert (vorne) und seinem Sohn Eric ist es zu verdanken, dass seit 1977 ein Michelin-Stern über der kulinarisch verwöhnten Deutschsprachigen Gemeinschaft strahlt.

GASTRONOMIE

Küchenklassiker im modernen Look: Das Eupener Restaurant Delcoeur versteht sich auf die Verknüpfung von Tradition und Innovation. Dieses Schweinefilet wurde mit einer Lebkuchen-Nusskruste gratiniert und auf Kohlrabistreifen angerichtet. Hinzu kommt eine Kartoffel, die mit Ziegenkäse gefüllt ist und mit frittierten Möhren und einer Biersoße die Gäste verzückt.

Die Schwestern Kim Loan (vorne) und Kim Oanh sind seit Jahren die Stützen des Eupener Restaurants Delcoeur. Als Küchenchefin verleiht Kim Oanh den Gerichten gelegentlich eine asiatische Note.

Wild, Forellen und reichlich Soße

Die belgische Küche im Allgemeinen richtet sich vor allem nach den Jahreszeiten und den Regionen. Großmutters Küche war das Leitbild von Generationen und ist dies zum Teil auch heute noch. An sich machen die großen Küchenchefs nichts anderes, als die in den Familien verwurzelten regionalen Bräuche zu variieren und zu verfeinern.

An der belgischen Küste dominiert der Fisch, in den Ardennen das Wild. Was dem Flamen seine Waterzooi (ein Hühner- oder Fischeintopf mit Sahne) und sein Stoofvlees (eine Art Gulasch, das mit Bier zubereitet wird) sind, das sind dem Wallonen die Rognons de veau (Kalbsnieren) oder das Lapin aux Pruneaux (Kaninchen mit Pflaumen). Von nationaler Bedeutung sind unterdessen die Muscheln mit Pommes frites, Steak mit Pommes frites und Salat sowie das Filet américain (eine Art von Tatar). Die einzelnen belgischen Staatsreformen konnten diesen Nationalgerichten über die Sprachgrenzen hinweg nichts anhaben, was im Übrigen auch für die überregionale Wertschätzung diverser Biermarken gilt.

Doch: Gibt es auch eine ostbelgische Küche? Beeinflusst wird diese zweifellos mehr von der deutschen als von der französischen. Sie ist sehr soßenreich, wobei die Soßen oft von einer sirupartigen Konsistenz sind, und ausgesprochen beilagenlastig. Während in Frankreich das Urprodukt im Mittelpunkt steht, darf es in Ostbelgien – ähnlich wie in Deutschland – immer noch ein Gemüse und eine Soßen absorbierende Beilage sein. Vor allem im Herbst und Winter, wenn eine reiche Palette von Wildgerichten angeboten wird, ist Ostbelgien eine Reise wert.

Mehr noch als im Norden der Deutschsprachigen Gemeinschaft war man in der Eifel noch lange nach dem Zweiten Weltkrieg darum bemüht, die in der Küche verwendeten Produkte selbst zu erzeugen. In den Restaurantküchen sind häufig die Herkunft des Koches und vor allem sein Ausbildungsweg entscheidend für die Prägung seiner Kreationen. Wer auf ostbelgische Produkte setzt, kommt oft auf Forelle und Wild zurück. Ein Gericht, das durch seine Namensgebung oder seine Herkunft unmittelbar mit Ostbelgien in Verbindung gebracht wird, gibt es bis heute nicht. Lediglich die Eupener Bäcker haben mit dem „Eupener Platz", einem Rosinenbrot, ein Produkt geschaffen, das eine lokale Verbundenheit schon über die Bezeichnung zum Ausdruck bringt. Eine Marktlücke wartet darauf, gefüllt zu werden.

Jenseits des Filet-Einerleis

Gourmets gelten im Allgemeinen als konservativ, so dass radikale Erneuerer zunächst einen schweren Stand haben. „Die essende Menschheit bevorzugt das Gewohnte. Über asiatische Einflüsse, chemische Formeln und digitale Techniken in der Küche liest der Genießer zwar mit Interesse im Gourmetmagazin. Im Edelrestaurant erwartet er aber keine Experimente. Ihm genügt das Bürgerliche – und wenn es verfeinert daherkommt, umso besser."

Diese Erkenntnis von Deutschlands Gastrokritiker-Legende Wolfram Siebeck haben Pankert & Co. in Ostbelgien verinnerlicht. Beständigkeit in der Küchenleistung und herzliche Gastfreundschaft sind die Pfunde, mit denen die ostbelgische Gastronomie wuchert. In der Eifel und im Eupener Land gibt es Dutzende Restaurants, die für ein beeindruckendes und breit gefächertes Angebot sorgen.

Die Restaurant-Landschaft Ostbelgiens ist heute vielfältiger denn je. In den 60er und 70er Jahren entdeckten vor allem die Flamen die „Oostkantons" als Naherholungsgebiet. Gleichzeitig machten sie mit ihren kulinarischen Schätzen Bekanntschaft. Doch auch der gesellschaftliche Wandel trug dazu bei, dass die Restaurantbesuche zunahmen und Speiselokale wie Pilze aus dem Boden schossen. Die Zahl der doppelt verdienenden Familien stieg massiv an, wodurch ihnen mehr Geld und weniger Zeit zum Kochen zur Verfügung standen. BSE-Krise und sonstige Katastrophen machten die Menschen zudem sensibler für das, was sie zu sich nehmen. Und wahrscheinlich sind sie auch ein wenig bequemer geworden.

In einer globalisierten Welt ist die Produktbeschaffung auch in Ostbelgien nicht mehr das größte Problem. Selbst der passionierte Hobbykoch kann im gut sortierten Supermarkt aus dem Vollen schöpfen. Das Huhn kommt aus der Bresse, der Fisch wenige Stunden, nachdem er in der Nordsee im Netz gezappelt hat, auf den Herd. Und dennoch nehmen regionale Produkte einen höheren Stellenwert ein als dies noch vor einigen Jahren der Fall war. Häufig machen sie beim Produkteinkauf der Chefköche zwischen 10 und 15 Prozent aus.

Arthur Genten vom Eupener Restaurant „Delcoeur" ist überzeugt, dass die regionalen Erzeugnisse weiter an Bedeutung gewinnen werden. Neben der Qualität und den kurzen Wegen spielt aber auch die Verfügbarkeit eine große Rolle. „Die Landwirtschaft muss sich daher umorientieren und auf ihre Stärken besinnen. Muss ein Lamm wie das aus Neuseeland, ein Rind wie das aus Schottland schmecken? Unsere Landwirte müssen sich bemühen, ihre Tiere in bester Original-, sprich Regional-Qualität anzubieten, und wir Köche müssen bereit sein, mehr als nur die Edelstücke zu verarbeiten. Denn so können wir die Herkunft der von uns verarbeiteten Produkte bestens nachvollziehen und gleichzeitig unterscheiden sich unsere Speisekarten von den ewig gleichen Medaillon- und Filetgerichten." ▶

Oben: Eine Kreation aus der Küche von Axel Maassen, der seit anderthalb Jahrzehnten mit seiner Frau Birgit das Restaurant Casino in Eynatten führt: Wildpastete an Apfel-Chili-Chutney.

S. 180/181: Der Kabeljau ist fettarm und dennoch schmackhaft: Dieses Filetstück hat Axel Maassen auf Staudensellerie mit Raerener Senf-Mousseline angerichtet.

GASTRONOMIE

Es muss **nicht** immer **Kaviar** sein

Dass man in Belgien gut essen kann, hat sich längst herumgesprochen. Dass Ostbelgien da keine Ausnahme macht, ebenfalls. Auch wenn man in belgischen Restaurants meistens ein paar Euro mehr bezahlt als im benachbarten Deutschland zum Beispiel, findet man unter den Stammkunden ostbelgischer Restaurants einige Gäste, die gerne auch eine etwas längere Anreise in Kauf nehmen, um sich verwöhnen zu lassen.

Bei der Bewertung der ostbelgischen Restaurants sind sich Gault Millau und Michelin auch 2009 einig, dass das Hotel „Zur Post" in St. Vith die beste Adresse für Feinschmecker zwischen Göhl und Our ist, gefolgt von „Le Luxembourg" in St. Vith, wenn man der Punktewertung des Gault Millau folgt. Während Gault Millau fleißig Punkte verteilt, vergibt der Michelin nur Sterne – oder Bestecke, die aber nicht direkt etwas über die Qualität der Küche aussagen.

Am Ende entscheidet der persönliche Geschmack, ob es den Feinschmecker in eines der beiden genannten Restaurants oder zu „Pip-Margraff" in St. Vith zieht, zum „Bütgenbacher Hof" oder doch nach Eupen ins Delcoeur, zum „Arti'Choc" oder ins „Le Gourmet", das Restaurant des Ambassador Hotel Bosten.

Lohnenswert sind auch Abstecher in die nähere Umgebung von Eupen, nach Eynatten ins „Casino", nach Raeren zum „Onkel Jonathan", nach Hauset zur „Auberge zur Geul" oder in die belgische Enklave von „Fringshaus". Aber auch außer diesen zwölf Restaurants gibt es in der DG eine ganze Reihe von empfehlenswerten Häusern.

Als Entscheidungshilfe für Feinschmecker dienen nicht mehr nur die bekannten Restaurantführer von Gault Millau oder Michelin, sondern auch Gourmetreiseführer aus dem Grenz-Echo Verlag sowie der jährlich erscheinende Euregio Gastro-Guide, der sich nicht ausschließlich der Haute cuisine verpflichtet fühlt und Restaurants in der gesamten Euregio Maas & Rhein vorstellt und bewertet.

Wer nicht ausschließlich auf der Suche nach den Sternen am gastronomischen Himmel ist, wird hier bestens bedient – schließlich kommt es auf die Frische und die Zubereitung der Zutaten an. Da darf es gerne auch Blutwurst zur Vorspeise sein – statt Kaviar.

S. 182/183: Zehn Jahre hat der „Lambertus" in Raeren in Eichenfässern gelagert, ehe er Ende 2008 von der Brennerei Radermacher erstmals als Whisky abgefüllt wurde.

Regionale Produkte von internationaler Klasse

Längst haben einige regionale Produkte internationale Klasse erreicht und brauchen kaum einen Vergleich zu scheuen. Mehrere Käsesorten, die im Restaurant „Zur Post" angeboten werden, entstehen unweit der St. Vither Hauptstraße. Wer die „Benzinroute" N62 in Richtung Luxemburg befährt, passiert die Ortschaft Grüfflingen. Dort hat sich Leo Freichels vor einem Vierteljahrhundert der Käseherstellung verschrieben. Sein von Wiesen umgebenes Holzhaus hat den Charme eines südfranzösischen Kleinbauernhofs. Es gibt dort einen Gemüsegarten, den Leo und seine französischsprachige Frau Gemmy zusammen mit Freunden betreiben, und viele Tiere, darunter einen Esel und ein paar Schweine. Auch die Produktpalette versetzt in südfranzösische Stimmung.

In den Anfangsjahren seines Betriebs hat Leo Freichels sich vor allem an Erzeugnissen aus dem Midi orientiert. „Wir haben viel gelesen, herumprobiert und aus unseren Fehlern gelernt", so lässt er den Start Revue passieren. Mal war der Säuregehalt des Käses zu hoch, mal entstanden Risse oder Löcher, doch es ist noch kein Meister vom Himmel gefallen, wie der gelernte Religionswissenschaftler nur zu genau weiß. Die Tiere tummeln sich an diesem Sommermorgen auf den Wiesen. Freichels hat die Ziegen bereits gemolken und die warme Milch verarbeitet. „Ich will meinen Kunden exquisite Geschmackserlebnisse bieten", erläutert er seine Philosophie. Zwei Zimmer des Hauses nutzen Leo und Gemmy für die Käseproduktion. „Heute würden wir unter diesen Voraussetzungen wohl gar nicht mehr starten dürfen", weiß der Landwirt um die Hygiene-Vorschriften, die inzwischen vielen Produzenten das Leben erschweren. Dreimal jährlich erhält er Besuch von der Lebensmittelinspektion und versucht diese mit stetigen Verbesserungen milde zu stimmen, um eine Fortführung des Betriebes nicht zu gefährden.

Leo Freichels macht Rohmilchkäse und stellt auf seinem Hof sowohl Frischkäse als auch gereiften Hartkäse her. Er veredelt seine Produkte mit Basilikum, Thymian oder Schnittlauch, setzt kalt gepresstes Rapsöl ein und gibt ihnen Namen wie „La fleur de St. Vith", „Tomme de Chèvre" oder „Crottin de l'Est". Durch eine hochwertige Fütterung seiner Tiere will der naturbezogene Landwirt einen möglichst hohen Qualitätsstandard gewährleisten. Auf aufwändige Etiketts verzichtet er, der Käse wird lediglich in Frischhaltefolie verpackt: „Design würde den Preis nur unnötig in die Höhe treiben."

Was am Anfang nur für die Familie bestimmt war, hat inzwischen eine große Fangemeinde. Die erste Ziege schafften sich Leo und Gemmy als junge Eltern an, um ihren Kindern kein Milchpulver von multinationalen Konzernen kaufen zu müssen. Der Überschuss wurde zu Frischkäse verarbeitet. Das Interesse stieg rasch. Heute legen Durchreisende gerne einen Zwischenstopp bei den Freichels ein. Leo Freichels verkauft direkt ab Hof, um mit dem Endverbraucher in Kontakt zu bleiben, aber über einen Zwischenhändler auch auf den Märkten der Umgebung. 30 Prozent der Ware wandern in die Gastronomie. Er ist ein Kleinstbetrieb unter den Kleinbetrieben, von denen viele im „Eifel-Ardennen-Tisch" organisiert sind, einer Organisation mit Sitz in St. Vith, die sich um die Förderung ostbelgischer Produkte kümmert. Qualität, Regionalität, Originalität, handwerkliche Herstellung, Ursprünglichkeit und Natürlichkeit sind für sie die Trümpfe der Produkte des Eifel-Ardennenraums.

Schokoladenkreationen und Bärlauchnudeln

Axel Hanf, „Maître Chocolatier" aus Schönberg, hat sich 1997 in seiner Schokoladenmanufaktur feinsten Patisserieprodukten verschrieben und firmiert seit 2007 unter dem Label „Belgian Chocolate Design". Dort, wo die Massenproduzenten passen müssen, will er mit Nischenprodukten Fuß fassen.

Aber auch in Brüssel versorgt er schon einmal einen Stehempfang mit seinen hinreißenden Schokoladekreationen. Viele Anhänger hat auch die Nischen-Firma „Gaby's Nudelküche" in Deidenberg.

Gaby Neuens stellt Nudeln aus alten Getreidesorten wie Dinkel oder Buchweizen her und lässt sie bis zu 20 Stunden bei niedriger Temperatur trocknen, wodurch der volle Geschmack erhalten bleibt. Im Angebot: Gemüsenudeln, Gewürznudeln, Minznudeln, Steinpilz- und Bärlauchtagliatelle oder glutenfreie Buchweizennudeln für Allergiker, aber auch Senf und Marmelade.

Und die Firma „Clos Charlemagne" in Eupen stellt Gänseleber- und andere Pasteten her, die von Restaurants und Privatkäufern gleichermaßen begehrt werden. Aber auch in Hamburg hat der Firmenchef Philippe Lorquet begeisterte Kunden. Überhaupt beschränkt sich die ostbelgische Lebensmittelproduktion nicht auf die engen Grenzen der Region.

Zu den belgienweit vertriebenen Produkten gehören der Original Ardenner Schinken aus Montenau, die Milchprodukte aus der Molkerei in Walhorn, die Erzeugnisse der Chocolaterie Jacques, die seit 1922 in Eupen produziert und deren Museum ein Touristenmagnet ist, sowie der Senf und die Königinpastetchen der „Conserverie et moutarderie belge CMB" in Raeren. Eines der traditionsreichsten Unternehmen ist die Raerener Schnapsbrennerei Radermacher, die von Bernard Zacharias in der fünften Generation geführt wird. Den „Töpfergeist" gibt es seit 1836, viele Destillate und Fruchtschnäpse kamen in den vergangenen Jahren hinzu und das Jahr 2008 wurde ein Meilenstein in der Geschichte des Unternehmens: Zum ersten Mal wurde ein Whisky mit dem Label „made in Ostbelgien" auf Flaschen gezogen. Er reifte zehn Jahre in Eichenfässern.

Südlich von St. Vith, in der Gemeinde Burg-Reuland, gibt es in Weweler eine Forellenzucht. Man wähnt sich im Schwarzwald, am Rand der Wälder schlagen Pfadfinder im Sommer ihre Lager auf. Auch die dort gezüchteten Forellen finden in Form von Rillette – zusammen mit einem geeisten Melonensüppchen – den Weg auf die Tische des Restaurants „Zur Post": vor allem an heißen Sommertagen ein eindrucksvoller Einstieg ins Menü. „Wir versuchen immer, das Beste aus der Region herauszuholen", versichert Sternekoch Pankert. „Eine gute Küche ist das Fundament allen Glücks" hatte Auguste Escoffier einst bemerkt. Wenn das stimmt, dann wird den deutschsprachigen Belgiern das Glück mit in die Wiege gelegt. ◂◂

Schokolade made in Schönberg: „Maître Chocolatier" Axel Hanf trifft mit seinen Nischenprodukten den Geschmack vieler Liebhaber dieser süßen Versuchung (unten u. S. 186/187).

Laudatio auf den Wildschweinbraten

Woher stammt meine seltsame Sympathie für Wildschweine? Es ist eine verdrängte Form von Mitleid. Wer in der Nachbarschaft tiefer Wälder wohnt, in denen sich königliche Forste befinden und nach edlem Rotwild gejagt wird, der entwickelt eine gewisse Solidarität mit den Außenseitern. Schön sind sie nicht. Carl von Linné hat sie im 18. Jahrhundert auf den Namen Sus scrofa getauft, die Gattungsbezeichnung klingt garstig. Richtig schwarz ist das Schwarzwild übrigens nur im Winter: Das borstige Fell schützt die Mutterfamilien und die einzelgängerischen Keiler vor der Kälte.

Es ist nicht ganz fair: Die Jäger haben es vorzugsweise auf die Frischlinge abgesehen. Der Eber mit seinen Eckzähnen, die als unheimliches „Gewaff" aus dem Kiefer ragen, ist vor allem als Jagdtrophäe begehrt. Ein Symbol mühsam überwundener Furcht – denn das Wildschwein ist seit Urzeiten ein Lieblingsfeind der Jäger.

Tatsächlich hat die in Butter, Zwiebeln und Rotwein marinierte Wildschweinkeule eine zehntausend Jahre lange Entstehungs- und Kulturgeschichte. Schon in der Mittelsteinzeit rückte man Wildschweinen mit Pfeil und Bogen zu Leibe. Caesars Legionäre setzten Jagdhunde gegen sie ein. Der in seiner Aachener Kaiserpfalz Frauen, heiße Quellen und die Jagd genießende Karl der Große erzielte in den Wäldern bei Walhorn oder am Steling im Hohen Venn einen beachtlichen Erfolg: Wie die St. Galler Handschrift „Carolus Magnus et Papa Leo" aus dem Jahre 799 belegt, gelang es dem Meister der Macht, bei einer Mutprobe mit einem kurzem Speer, der „Saufeder", einen Keiler zu erlegen.

Von der Jagdgöttin Artemis bis zu Ernst Jünger, das Wildschwein hat sie alle fasziniert. Rubens malte die Jagd der Atalante und des Meleager und verlieh ihm damit die Weihe flämischer Meister. Erst die muntere Comicgeschichte von Asterix dem Gallier eröffnete dem Borstentier den Weg zu einer erfrischenden Entmythologisierung. Die Rudel konnten sich wieder sehen lassen. In Ostbelgien hat man das Rezept von Obelix nicht abgewartet. Das Wildschwein hatte hier seit den Miniaturen aus dem Skriptorium der Abtei Stavelot-Malmedy eine gute Presse. Ringsum in den Ardennen avancierte es zum Wappentier. Die deutschsprachigen Ardennenjäger der Kaserne von Vielsalm führten eine Sau als Maskottchen und signalisierten damit urwüchsige Verteidigungsbereitschaft. Der ehemalige Bischof Klaus Hemmerle von Aachen freute sich nach winterlichem Vennmarsch auf einen Wildschweinbraten und ein Glas roten Macon in der „Ferme Libert".

Damit kann die ostbelgische Gastronomie immer noch dienen. Schlechte Nachrichten bezüglich Wildschweinpest und Überpopulationen versetzen die Küchenchefs nicht in Panik. Roger Bosten vom „Ambassador" in Eupen erklärt, dass lediglich 2003 ein Fall festgestellt worden sei, für eine Zurückhaltung der Kundschaft bestehe kein Grund. Er preist die im frühen Winter erlegten Jungtiere, die sich gerade in der freien Wildbahn bewährt haben. Der Inhaber des „Bütgenbacher Hofes", Norbert Maraite, schätzt am Wildschwein, dass sein Fleisch heller sei als das von anderem Wild. Seine Gäste, die von der Wanderung um den See zurückkommen, freuen sich auf Frischlingsfilet im Speckmantel an Senfsoße. Auch Kurt Kreusch vom „Hotel Kreusch" in Amel betont, dass Wildschweinbraten nicht rot sein darf, sondern hell. Das sei die Farbe des Frischling-Fleischs. Sein Tipp: ofenfrischer Wildschweinrücken an Holundersoße mit Waldpilzen, Pellkartoffeln, Wirsing und Preiselbeeren. Auf der Menükarte von Axel Maassen vom „Casino" in Eynatten besticht der Wildschweinrückenlachs mit sämiger Preiselbeer-Maronensoße. Auch Meisterkoch Eric Pankert vom „Hotel zur Post" in St. Vith kombiniert das Fleisch der Frischlinge mit anderen regionalen Produkten. Er selbst isst am liebsten Frischlingsfilet an süßsaurer Rotweinsoße mit Kartoffel-Rosenkohl-Püree.

Allein das Hineinschnuppern in einige der herausragenden ostbelgischen Küchen erregt Lust auf die jungen wilden Schweine. Völlig anders als in Berlin, wo sie Schrebergärten heimsuchen, ernähren sie sich in den ostbelgischen Wäldern von Eicheln, Bucheckern, Adlerfarn, Heideröschen und Sumpfdotterblumen. Das schmeckt man durch. Mit den Menschen gemeinsam haben sie eine Vorliebe für Kartoffeln. Aber das wird den Schweinen oft übel genommen.

Freddy Derwahl

Informationen und nützliche Adressen

Politik

Parlament der Deutschsprachigen Gemeinschaft
Kaperberg 8, 4700 Eupen
✆ +32 (0)87-59 07 20
@ info@dgparlament.be – ⌂ www.dgparlament.be

Regierung der Deutschsprachigen Gemeinschaft
Klötzerbahn 32, 4700 Eupen
✆ +32 (0)87-59 64 00
@ regierung@dgov.be – ⌂ www.dglive.be

Ministerium der Deutschsprachigen Gemeinschaft
Gospertstraße 1, 4700 Eupen
✆ +32 (0)87-59 63 00
@ ministerium@dgov.be – ⌂ www.dglive.be

Vertretung der Deutschsprachigen Gemeinschaft in Brüssel
Rue Jordaensstraat 34, 1000 Brüssel
✆ +32 (0)2-502 30 80
@ dg.bruessel@dgov.be

Vertretung der Deutschsprachigen Gemeinschaft Belgiens in Berlin
c/o Belgische Botschaft
Jägerstraße 52-53, D-10117 Berlin
✆ +49 (0)30-206 071 415
@ dg.berlin@dgov.be

Die Deutschsprachige Gemeinschaft Belgiens:
Fläche, Gemeinden, Einwohner

Fläche:	854 km2
Einwohner:	74.169*
Hauptstadt:	Eupen
Gemeinden:	Amel
	Büllingen
	Burg-Reuland
	Bütgenbach
	Eupen
	Kelmis
	Lontzen
	Raeren
	St. Vith

*Quelle: Föderaler Öffentlicher Dienst, Generaldirektion Statistik, 2008

Tourismus

Verkehrsamt der Ostkantone
Mühlenbachstraße 2, 4780 St. Vith
✆ +32 (0)80-22 76 74
@ info@eastbelgium.com – ⌂ www.eastbelgium.com

Sport-, Freizeit- und Touristikzentrum Worriken
Worriken 9, 4750 Bütgenbach
✆ +32 (0)80-44 69 61
@ info@worriken.be – ⌂ www.worriken.be

Wesertalsperre
Besucherzentrum der DG
Langesthal 164, 4700 Eupen
✆ +32 (0)87-74 31 61
@ info@eupener-talsperre.be – ⌂ www.eupener-talsperre.be

Haus Ternell
Naturzentrum der Deutschsprachigen Gemeinschaft Belgiens
Tenell 2-3, 4700 Eupen
✆ +32 (0)87-55 23 13
@ haus.ternell@belgacom.net – ⌂ www.hausternell.be

Naturparkzentrum Botrange
Route de Botrange 131, 4950 Robertville
✆ +32 (0)80-44 03 00
@ info@centrenaturebotrange.be – ⌂ www.centrenaturebotrange.be

Schieferstollen in Recht
Zum Schieferstollen 9A, 4780 Recht
✆ +32 (0)80-57 00 67
@ info@schieferstollen-recht.be – ⌂ www.schieferstollen-recht.be

Töpfereimuseum Raeren
Burgstraße 103, 4730 Raeren
✆ +32 (0)87-85 09 03
@ info@toepfereimuseum.org – ⌂ www.toepfereimuseum.org

Kultur & Medien

Belgisches Rundfunk- und Fernsehzentrum (BRF)
Kehrweg 11, 4700 Eupen
✆ +32 (0)87-59 11 11
E-Mail: info@brf.be – ⌂ www.brf.be

Grenz-Echo (Tageszeitung und Buchverlag)
Marktplatz 8, 4700 Eupen
✆ +32 (0)87-59 13 00
@ info@grenzecho.be – ⌂ www.grenzecho.net – www.gev.be

Medienzentrum
Hookstraße 64, 4700 Eupen
✆ +32 (0)87-55 55 51
@ medienzentrum@dgov.be – ⌂ www.medienzentrum.be

Agora
Theater der Deutschsprachigen Gemeinschaft Belgiens
Am Stellwerk 2, 4780 St. Vith
✆ +32 (0)80-22 61 61
@ agora@agora-theater.net – ⌂ www.agora-theater.net

IKOB
Museum für Zeitgenössische Kunst Eupen
In den Loten 3, 4700 Eupen
✆ +32 (0)87-56 01 10
@ info@ikob.be – ⌂ www.ikob.be

Compagnie Irene K.
Zeitgenössischer Tanz und Performances
Alter Malmedyer Weg 27, 4700 Eupen
✆ +32 (0)87-55 55 75
@ irene.k@skynet.be – ⌂ www.irenek.be

Chudoscnik Sunergia
Kunst & Kultur
Rotenbergplatz 19, 4700 Eupen
✆ +32 (0)87-59 46 20
@ info@sunergia.be – ⌂ www.sunergia.be

Krautgarten
Forum für junge Literatur
Postfach 42, 4780 St. Vith
✆ +32 (0)80-22 73 76
@ bruno.kartheuser@skynet.be – ⌂ www.krautgarten.be

Triangel
Kultur-, Konferenz- und Messezentrum Triangel
Vennbahnstraße 2, 4780 St. Vith
@ info@triangelstvith.be – ⌂ www.triangel.com

KuKuK
KuKuK V.o.G. - Kunst und Kultur im Köpfchen
Aachener Straße 261 a, 4730 Raeren
@ info@kukukandergrenze.eu – ⌂ www.kukukandergrenze.eu

Volksbildungswerk St. Vith
Medell-Hochkreuz 175, 4770 Amel
✆ +32 (0)80-34 92 88
@ info@vbw.be – ⌂ www.vbw.be

Ostbelgien Festival
Hauptstraße 54, 4780 St. Vith
✆ +32 (0)80-22 80 18
@ joseph.schroeder@ostbelgienfestival.be – ⌂ www.ostbelgienfestival.be

Kulturelles Komitee der Stadt Eupen
Kirchstraße 15, 4700 Eupen
✆ +32 (0)87-74 00 28
@ kke@busmail.net – ⌂ www.eupen.be

Wirtschaft

Wirtschaftsförderungsgesellschaft – WFG Ostbelgien
Quartum Center – Hütte 79, 4700 Eupen
✆ +32 (0)87-56 82 01
@ info@wfg.be – ⌂ www.wfg.be

Arbeitsamt
Aachener Straße 73-77, 4780 St. Vith
✆ +32 (0)80-28 00 60
@ info@adg.be – ⌂ www.adg.be

Industrie- und Handelskammer Eupen-Malmedy-St. Vith
Herbesthaler Straße 1A, 4700 Eupen
✆ +32 (0)87- 55 59 63
@ info@ihk-eupen.be – ⌂ www.ihk-eupen.be

Gastronomie

Eifel-Ardennen-Tisch
Haus der Deutschsprachigen Gemeinschaft
Hauptstraße 54, 4780 St. Vith
✆ +32 (0)80-28 00 24
@ info@eifel-ardennen-tisch.be – ⌂ www.eifel-ardennen-tisch.be

Über Restaurants und regionale Produkte informiert die Website www.ostbelgien.be.

Die Autoren

Marion Schmitz-Reiners (Herausgeberin)

Geboren 1948 als Tochter rheinischer Eltern in Bayern, Zeitungsvolontariat, Studium der Politologie und Soziologie in Münster und Bonn, danach sechs Jahre Redakteurin einer Hamburger Frauenzeitschrift. Heiratete 1983 nach Belgien und leitete von 1995 bis 2005 die in Brüssel erscheinende deutschsprachige Monatszeitschrift Belgien-Magazin. Publizierte mehrere Bücher über ihre Wahlheimat, zuletzt „Belgien für Deutsche – Einblicke in ein unauffälliges Land" (Berlin, 2. Auflage 2007). Lebt als freie Journalistin, Übersetzerin und Moderatorin in Antwerpen.

Willi Filz (Fotografie)

Nach Wanderjahren als Koch in der Schweiz und in London fasste Willi Filz, Jahrgang 1962, im Alter von 27 Jahren den Entschluss, Fotograf zu werden. Auf einen Meisterkurs in Lüttich folgte ein Studium an der Fachhochschule in Dortmund. Wichtige Etappen seiner Laufbahn waren der Bildband „Das Hohe Venn" (Grenz-Echo Verlag) und die Verleihung des ersten Ostbelgischen Kunstpreises im Jahr 2001 für Porträtzyklen aus Berlin und Syrien. Willi Filz stellte u.a. in Syrien, Senegal, Berlin, Brüssel und Wien aus. Jüngere Arbeiten zeigte er auf den Ausstellungen „Ourmenschen" (Europäische Kulturhauptstadt, Luxemburg 2007) und „Menschen im Nirgendwo" (ZeitenWechsel, 2008, Belgien und Deutschland). Willi Filz lebt in Amel in der belgischen Eifel.

Freddy Derwahl

1946 in Eupen geboren, begann seine berufliche Laufbahn bei der Aachener Volkszeitung und war viele Jahre als Journalist dem Belgischen Rundfunks (BRF) verbunden. Veröffentlichte Bücher und Reisereportagen in seiner Heimatstadt sowie in Graz, München, Rom und Wien. Sein Buch und seine Fernsehreportage über Einsiedler („Eremiten – Die Abenteurer der Einsamkeit", 2000) erzielten europaweit Resonanz. Zuletzt veröffentlichte er im Grenz-Echo Verlag den Roman „Bosch in Belgien". Er erhielt mehrere Literaturpreise und ist Mitglied der internationalen Schriftstellervereinigung P.E.N.

Heinz Gensterblum

Jahrgang 1971, schreibt nach Studien in Bonn und Aachen und Stationen bei verschiedenen Rundfunksendern seit 1989 für die ostbelgische Tageszeitung Grenz-Echo, der er seit 1996 als Redakteur angehört. Er war viele Jahre Belgien-Korrespondent der Nachrichtenagentur Sport-Informations-Dienst (sid). Für den „Euregio-Gastroguide" beobachtet er die Restaurants in der Provinz Lüttich. Heinz Gensterblum lebt mit seiner Familie in Eupen.

Carlo Lejeune

Jahrgang 1963, Studium der Geschichte und der Soziologie in Louvain-la-Neuve, Köln und Bonn, Promotion in Trier. Volontariat an der Georg von Holtzbrinck-Schule für Wirtschaftsjournalisten und Engagement beim Handelsblatt in Düsseldorf. Er kehrte 1993 in die belgische Eifel zurück. Publizierte zahlreiche Werke zur Alltagsgeschichte („Leben und Feiern auf dem Lande", 3 Bände), zur Geschichte der Deutschsprachigen Gemeinschaft („Die Säuberung", 3 Bände) und zu den deutsch-belgischen Beziehungen im 20. Jahrhundert.

Bruni Mahlberg-Gräper

Geboren 1954 in Zülpich, studierte Germanistik, Soziologie, Theater-, Film und Fernsehwissenschaften in Köln, Abschluss M.A.. Bis 1998 war sie Redakteurin bei einer Kölner Tageszeitung und arbeitet seitdem als freie Journalistin, Moderatorin und Autorin. Sie veröffentlichte Bücher zu kulturellen und touristischen Themen in verschiedenen Verlagen. Darunter: „Unterwegs in Aachen und Umgebung", „Unterwegs in Ostbelgien", „Reisen in Europa – Sardinien" sowie, zusammen mit ihrem Mann Jürgen Gräper, „Unterwegs in Belgien" und „Reiseführer Nordeifel". Bruni Mahlberg-Gräper lebt in Euskirchen.

Ulrike Schwieren-Höger

Jahrgang 1951, hat lange Zeit als Redakteurin das Reise-Journal und die Wochenendbeilage der Bonner Tageszeitung General-Anzeiger betreut. Anschließend war sie Redakteurin im Ressort „Geistige Welt" bei der Tageszeitung Die Welt. Als Autorin schrieb sie mehrere Bücher, unter anderem über Ostbelgien. Zuletzt: „Ostbelgien – Bilder, Spuren, Hintergründe", 2. Auflage Oktober 2008, und „Eupen", erschienen im November 2008. Ulrike Schwieren-Höger lebt als freie Journalistin und Autorin in Heimbach in der Eifel.

Guido Thomé

Jahrgang 1959, arbeitete nach dem Germanistikstudium bei der Tageszeitung Grenz-Echo, war anschließend jahrelang im gleichnamigen Verlag für die Buchproduktion zuständig. Nach einem kurzen Ausflug in die Selbstständigkeit und der Veröffentlichung des Kurzgeschichtenbandes „Das rote Haar" und des Bildbandes „Ostbelgien – Menschen, Landschaft, Kultur, Brauchtum" ist er seit 2001 Berater in verschiedenen Ministerkabinetten der Regierung der Deutschsprachigen Gemeinschaft und nebenberuflich als Übersetzer, Texter und Autor tätig.